Jens Klocksin

Stadtführer Bonn

Zu Fuß und per Rad quer durch die Stadt

Ein Stadtführer in 23 Stationen:
Von der Beueler Handelswerft über
Nordstadt, Bonn-Zentrum,
Südstadt und Regierungsviertel
in die Rheinaue

Bildnachweis: Klocksin, Jens: S. 10, 57, 64, 75, 78, 79, 91, 99, 111; Siering, Bernd: S. 13, 16, 45, 53, 61, 63, 67, 71, 77, 91, 95; Bruns, Arnold: S. 19, 25, 29, 33, 37, 85, 105, 117, 121

Kartennachweis: Alle Karten (Grundkarte Ausgabe Oktober 1987) vervielfältigt mit Genehmigung des Kataster- und Vermessungsamtes der Stadt Bonn v. 23. 04. 1992, Nr. 107/92; 16/92

Die Deutsche Bibliothek - CIP-Einheitsaufnahme

Klocksin, Jens:
Stadtführer Bonn. Zu Fuß und per Rad quer durch die Stadt:
Ein Stadtführer in 23 Stationen: Von der Beueler Handelswerft über Nordstadt, Bonn-Zentrum, Südstadt und Regierungsviertel in die Rheinaue / Jens Klocksin.- Bonn: Pahl-Rugenstein 1992
ISBN 3-89144-132-0

Breite Straße 47 5300 Bonn 1 Tel.: 02 28 / 63 23 06

Umschlaggestaltung: Bernd Siering Layout, Satz: Satzbau, Bonn Druck: Interpress

INHALTSVERZEICHNIS

Stimmen zum Buch

“Ich kenne Bonn seit über 20 Jahren, doch dieser Stadtführer führt einen an Ecken, die man noch nie gesehen oder noch nie so gesehen hat. Ein Wegweiser, der Lust auf´s Ausprobieren macht.”

Renate Kerstin, Express, Köln/Bonn

“Wie wird das 2000jährige Bonn im Jahr 2000 aussehen? Ich denke: Diese Stadt wird ein angenehmer Lebensraum bleiben und ihre liebenswürdigen Schwächen behalten. In diesem Leitfaden ist Bonn so beschrieben wie es ist - mit heiterer Sympathie, aber ohne lokalpatriotische Prahlerei. Der Autor hat den sicheren Blick für das Wichtige, vergißt aber nicht den Seitenblick auf scheinbare Kleinigkeiten am Wegesrand, die in konventionellen Stadtführern nicht vorkommen.”

Helmut Lölhöffel, Frankfurter Rundschau, Frankfurt am Main

“Ich mag Bonn sehr. Mag seine patriarchalische Idylle und sein politisches Durcheinander, seine statistische Unbedeutendheit und menschliche Größe. Und da können mir die Münchener oder Berliner Argumente gegen diesen “Zwerg am Rhein” liefern, soviel sie wollen . Im Laufe von 10 Jahren des Lebens hier habe ich Bonn gut genug kennengelernt. Dachte ich, bis dieser Stadtführer in meine Hände kam. Und jetzt habe ich nur eines im Kopf, wenn ich an den warmen Bonner Frühling denke: Raus aus dem Wagen! Und zu Fuß und per Rad quer durch die Stadt!”

Valentin Zapevalov, Literaturnaja Gazeta, Moskau

Vorwort

Das Kernstück der hier beschriebenen Stadtführung wurde 1988 als "Antifaschistische und stadthistorische Radtour durch Bonn" vom Autor konzipiert und vom Radverein RKB Solidarität Bonn e.V. erstmals veranstaltet.

In den folgenden Jahren ist die Stadtführung auch außerhalb des Radtourenprogrammes des RKB Solidarität Bonn angeboten worden.
Eine breitere Öffentlichkeit hatte Gelegenheit, während der vom Verein An der Synagoge e.V. präsentierten Ausstellung "Bonn zur NS-Zeit - Verfolgung und Widerstand" im Rahmen der 2000-Jahrfeier der Stadt Bonn an den Radrundfahrten teilzunehmen. Das Bildungswerk für Friedensarbeit Bonn nahm die Tour 1989 und 1990 in sein Programmangebot auf.
Anläßlich des 5. Geschichtsfestes der bundesdeutschen Geschichtswerkstätten im Mai 1989 wurde - neben der Radrundfahrt - der Stadtrundgang "Bonn im Bau - Zwischen Provisorium und Hauptstadt. Ein Rundgang durch das Regierungsviertel" vom Autor angeboten, welcher ebenfalls in diesen Stadtführer eingearbeitet ist.

"Angefahren werden Stationen der Stadtentwicklung von Römerlager über kurfürstliche Residenz und Adolf-Hitler-Platz zur Adenauerallee, an denen sich der Zeitgeist der Herrschaften und die Lebensbedingungen des Volkes dokumentieren lassen. Schwerpunkt ist der Komplex Widerstand und Verfolgung im nationalsozialistischen Bonn sowie die Frage des heutigen Umgangs mit Faschismus und seinen Erben."
Der für die Radrundfahrt ursprünglich so formulierte Werbetext wird in der vorliegenden Beschreibung nicht in Gänze Niederschlag finden. Zum einen soll die Tour um die über die Jahre hinweg gewonnenen (Er)Kenntnisse erweitert werden, zum anderen ist eine aktualisierte Mitteilung über neofaschistische Umtriebe in der Region hier nicht möglich. Zudem: Gerade die Diskussion über die Bedeutung der

Geschichte für die Gegenwart ist wohl das Salz in der Suppe der Stadtführung und kann vom Stadtführer in der Hand nicht ersetzt werden.
Schließlich erfährt der vorliegende Stadtführer eine wesentliche strukturelle Veränderung im Vergleich zum ursprünglichen Konzept: Die Stadtführung ist sowohl für Radfahrerinnen als auch für Fußgänger angelegt.

Motivation für die Veröffentlichung der Stadtführung in dieser Form war die positive Resonanz, die die Tour bei den unterschiedlichsten Zielgruppen hatte. Schulklassen und Besuchergruppen des Bundestages, Junge und Alte, Einheimische und Auswärtige haben die Strecke ganz oder in Teilen abgegangen und abgefahren. Und das Interesse an der Weitergabe des Manuskripts ist ungebrochen.

Zur Realisierung dieses Stadtführers war Hilfe hilfreich; ich danke Arnold Bruns, Gerd Heidemann, Martin Hennicke, Ruth Jansen, Monika Hommes-Rüdiger, Willi Kersting, Werner Langhals, Hartmut Löschcke, Marita Meyer und Ute Sohlbach-Koch.

Bonn am Rhein, im April 1992

Jens Klocksin

Die Führung:
Zu Fuß & per Rad

Wie jeder Stadtführer hat auch dieser die Funktion, einen Eindruck von der vorgeführten Stadt zu vermitteln. Auswärtige und Einheimische sollen ein Stück von Bonn sehen und kennenlernen können.

Diese Stadtführung ist als Rundgang wie als Rundfahrt konzipiert. Mit dem Rad werden die rund 20 Kilometer um vier Stunden beanspruchen. Zu Fuß sind bei gutem Schritt sechs bis sieben Stunden zu veranschlagen. Das wird in der Regel "am Stück" zu viel sein. Deshalb ist die Stadtführung so angelegt, daß alle 23 Stationen einzeln angefahren oder angelaufen werden können. Die Stationen bauen nicht aufeinander auf, sondern enthalten jeweils in sich abgeschlossene Beschreibungen. Bei Bedarf wird auf ergänzende Erläuterungen an weiteren Stationen verwiesen. Die über den Stadtführer gestreuten "Kästen" bieten zudem thematische Vertiefungen an.

Bei den hier ausgewählten 23 Stationen gibt es keine Systematik in der Reihenfolge der Besichtigung. Die Zusammenstellung der Stationen orientiert sich an den räumlichen Gegebenheiten. Die Stadtführung verläuft mit Schwerpunkt im Stadtbezirk Bonn. In den Stadtbezirken Bad Godesberg, Beuel und Duisdorf gibt es zweifellos eine Reihe weiterer interessanter Ziele, deren Besuch den Rahmen dieser Stadtführung allerdings sprengen würde.

Ein Stadtführer ist kein Geschichtsbuch. Dennoch werden viele mitgeteilte Informationen wenig nutzbringend sein, wenn ein historischer Orientierungsrahmen fehlt. Dieses Manko soll die der Stadtrundfahrt angefügte Zeittafel ausgleichen helfen.

Für diejenigen, die an der Stadt- und Regionalgeschichte ein weitergehendes Interesse haben, sind Adressen von Museen und Dauerausstellungen sowie eine Auswahl-Literaturliste zum Thema angefügt. Weiter werden die Adressen derjenigen Einrichtungen genannt, die Stadtrundfahrten und Informationen zur Stadtgeschichte anbieten. Ebenfalls angefügt ist eine Auswahlbibliographie belletristischer Veröffentlichungen, in deren Handlung Bonn eine Rolle spielt.

Schließlich soll das Register den Zugriff auf Stadtführer und Zeittafel erleichtern helfen.

Alle Wegstrecken zwischen den Stationen sind auf Kartenausschnitten nachzuvollziehen. Trotzdem empfiehlt sich die Mitnahme eines Stadtplans, um Stadt und Stadtführung räumlich überschaubarer zu machen. Hinzu kommt, daß die - zum Zeitpunkt der Drucklegung des Stadtführers aktuellsten - Kartenausschnitte den Bebauungsstand vom Oktober 1987 wiedergeben. So sind also einige der angesprochenen Objekte noch nicht verzeichnet.

Breite Straße mit Jecken (Rheinische Karnevalisten)

Die Stadt:
Zahlen, Daten, Fakten

Bonn, kreisfreie Stadt in Nordrhein-Westfalen, ist zwischen Ville und Siebengebirge an der Südspitze der niederrheinischen (oder: Kölner) Bucht gelegen. Bonn besteht aus den linksrheinischen Stadtbezirken Bonn, Hardtberg und Bad Godesberg sowie dem rechtsrheinischen Beuel.

Auf dem Stadtgebiet von 14 126 ha (= 141 km^2) leben insgesamt 305 453 Menschen (Frauen: 160 828; Männer: 144 625), davon 290 202 Einwohner mit Hauptwohnsitz (Stand Mai 1991). Nach den Stadtbezirken verteilen sich die Bewohner wie folgt: Bonn: 148 500; Bad Godesberg: 67 500; Beuel: 58 000; Hardtberg: 31 500. In der Gesamtzahl enthalten sind ca. 36 600 Einwohner ausländischer Staatsangehörigkeit. Die ca. 8 500 Diplomaten unterliegen nicht der Meldepflicht.

Die ca. 163 000 in Bonn Erwerbstätigen (in der Stadt wohnen ca. 117 000 Erwerbstätige) sind - nach Wirtschaftbereichen - zu 0,3% in der Land- und Forstwirtschaft, zu 15,9% im produzierenden Gewerbe und zu 83,8% in der Dienstleistungswirtschaft beschäftigt (Arbeitsstättenzählung 1987). Im Arbeitsamtsbezirk Bonn (Bonn und Rhein-Sieg-Kreis) waren im Mai 1991 ca. 24 500 Personen ohne Arbeit. An der Universität waren im Wintersemester 1991/92 ca. 37 600 Studenten eingeschrieben.

In Bonn sind ca. 23 400 Personen bei Bundesdienststellen beschäftigt. Davon stammen ca. 13 700 Personen aus Bonn und ca. 6 700 Personen aus dem die Stadt umgebenden Rhein-Sieg-Kreis.

Bonn ist, wie die Zahlen verdeutlichen, keineswegs industriell geprägt. Schon vor der Jahrhundertwende war Alt-Bonn ebenso wie das seit 1926 den Titel "Bad" tragende Godesberg beliebter Altersruhesitz von Rentiers aus Köln und dem Ruhrgebiet. In Bonn und Bad Godesberg ist die soziale Trennung in der Stadtentwicklung bis heute augenscheinlich: Nördlich der alten Stadtkerne entstanden Fabriken und Arbeiterquartiere, im Süden lagen die Wohnviertel des Bürgertums.

In der Zeit der ersten Republik dominierte das Zentrum als katholische Partei konkurrenzlos das politische Geschehen der Stadt. Nach 1945 konnte die Christlich-Demokratische Union (CDU) an diese Tradition anknüpfen.

Kommunalwahlergebnisse in % (Auswahl):

	CDU	SPD	FDP	Zentrum	KPD	Sonst.
1946	53,0	22,5	11,9	6,6	5,0	1,0
1948	40,3	28,5	17,5	7,9	5,1	0,7
1969	51,8	35,6	7,2			5,4
1974	57,0	32,4	9,9			0,7

	CDU	SPD	Grüne	FDP	Reps	Sonst.
1979	53,2	31,9	4,1	10,2		0,6
1984	48,8	28,9	12,5	9,5		0,3
1989	40,6	30,6	11,1	10,1	4,9	2,7

Seit 1989 besteht eine Koalition aus CDU und FDP; Oppositionsparteien sind SPD und Die Grünen.

Das Jahr Null der Stadt Bonn ist mit dem Inkrafttreten des Raumordnungsgesetzes NRW am 1. August 1969 anzusetzen. Mit diesem Stichtag wurden die Städte Bonn, Bad Godesberg und Beuel sowie die Gemeinden Buschdorf, Lessenich, Duisdorf, Lengsdorf, Ippendorf, Röttgen, Holzlar und Oberkassel zur heutigen Stadt Bonn zusammengeschlossen.

Seit diesem Zeitpunkt bemühte sich die Stadt Bonn um den funktionnalen und repräsentativen Ausbau der seit 1949 als provisorische Bundeshauptstadt der Bundesrepublik Deutschland fungierenden Kommune. Diese Periode der Stadtentwicklung dürfte mit dem Verlust des

Hauptstadtstatus durch den Einigungsvertrag zwischen BRD und DDR von 1990 sowie dem Beschluß des Deutschen Bundestages vom 20. Juni 1991 über die Verlegung des Parlaments- und Regierungssitzes nach Berlin ihren Zenit überschritten haben.

Hinsichtlich der stadtplanerischen und städtebaulichen Dimension ist diese Phase gleichbedeutend mit der sogenannten Gründerzeit (1860-1914) und der ersten Ausbauphase (Bundesbedienstetenwohnungen, Ministerien etc.) der gerade gewählten Bundeshauptstadt (1949-1954). Diese drei städtebaulichen Entwicklungsphasen prägen neben den historischen Bauten und den in der Stadtrandlage noch existierenden dörflichen Strukturen das architektonische Erscheinungsbild der Stadt.

Sterntor vom Münsterplatz aus gesehen

Anfahrt zur 1. Station:

Ausgangspunkt ist der rechtsrheinische Stadtteil Beuel, der aus der Bonner Innenstadt über die Kennedybrücke (erbaut 1948/49) erreicht werden kann. Die Beueler Handelswerft, eine unmittelbar am Rhein gelegene Freifläche, ist über den nördlich der Kennedybrücke verlaufenden Teil der Rheinaustraße zugänglich.

Das spätbarocke Gebäude unmittelbar südlich des Beueler Brückenkopfes der Kennedybrücke ist das ***Mehlemsche Haus****, welches der Brückenmeister Johann Paul Mehlem 1785 bauen ließ. Später wurde das Gebäude als Mietshaus und Fabrik genutzt. Seit der Renovierung 1977/79 beherbergt es die Musikschule der Stadt.*
Direkt am Rhein, neben der Wasserschutzpolizei, steht die ehemals alte Beueler Gaststätte "Rheinlust" mit Tanzsaal. Nach dem Umbau ist nur noch der Biergarten alt.

Die nördliche Seite des Brückenkopfes im Rücken, passiert man im Verlauf der Rheinaustraße linkerhand das von einem Parkplatz umgebende Kriegerdenkmal (Deutsch-französischer Krieg 1870/71; Inschrift: "Den

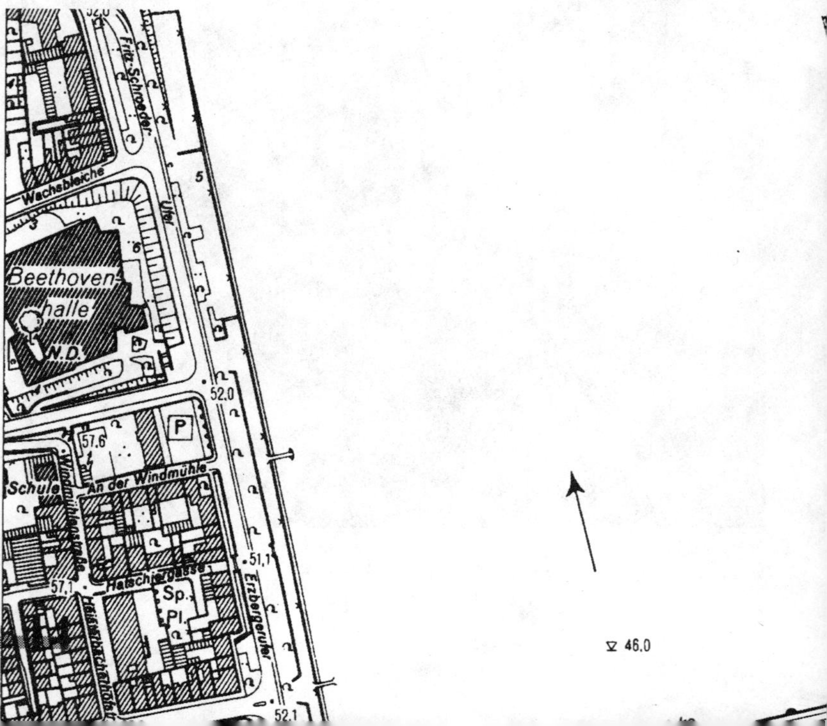

Kriegern und den für Deutschlands Einheit und Einigkeit Gefallenen"), dann die Gaststätte "Bahnhöfchen".

Die namensgebende Funktion der heutigen Kneipe bestand in der 1891 als Bröhltal-Bahnhof eingerichteten Endhaltestelle der Rhein-Sieg-Eisenbahn. Diese auch ***"Bröhltalbahn"*** *genannte Verbindung über Hennef nach Waldbröhl existierte im Kern (Hennef-Rupperichteroth) von 1863 bis 1967. Der Verlauf der Trasse ist heute im Rad- und Fußweg vom Rheinufer zu Pützchens Chaussee nachvollziehbar. Schwerpunkt der Transporttätigkeit war nicht der Personenverkehr, sondern die Beförderung von Steinmaterial (Basalt) aus dem Westerwald und von Ton aus dem Pleistal. Der damals in Nähe der Beuel-Bonner Fähre gelegen Endhaltepunkt am Rheinufer bediente den Beueler Hafen. Auf der über 1,7 km ausgedehnten Hafenanlage erstreckte sich eine Gleisanlage über 2,7 km Länge. Der maximale Warenumschlag auf der Beueler Handelswerft betrug 1938 insgesamt 265.000 Tonnen.*

Auf das "Bahnhöfchen" folgt linkerhand eine Häuserzeile, nach deren Ende eine Durchfahrt den Weg zur Beueler Handelswerft freigibt.

1. Station **Beueler Handelswerft**

Von der Beueler Handelswerft, der ehemaligen Hafenanlage (s. Anfahrt zur 1. Station), eröffnet sich ein Blick auf die gegenüberliegende (Bonner) Rheinseite. An diesem Panorama läßt sich ein Stück Bonner Stadtgeschichte nachvollziehen.

Das heutige Stadtgebiet von Bonn war schon während der **Altsteinzeit** besiedelt, was 14.000 Jahre alte Skelettfunde im rechtsrheinischen Oberkassel vermuten lassen (s. 22. Station).

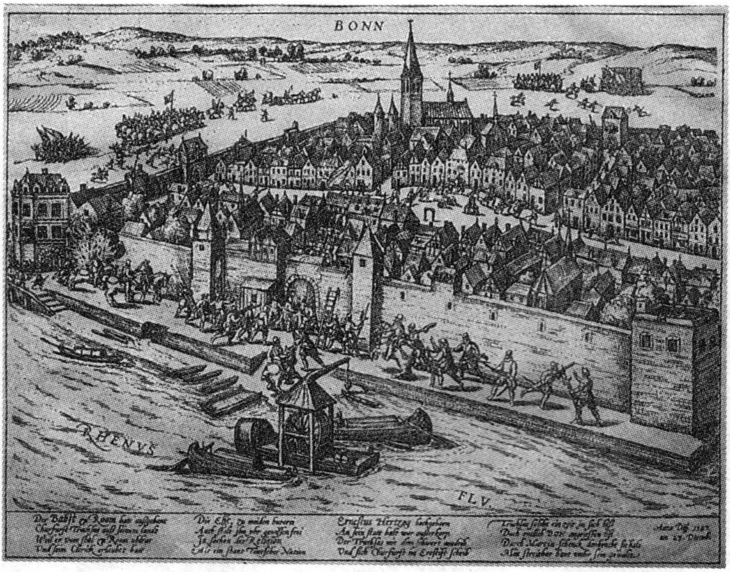

Historischer Stich der Stadt Bonn

Um das 1. Jahrhundert vor unserer Zeitrechnung siedelten im linksrheinischen Niederrheintal der keltische Stamm der Eburonen, im rechtsrheinischen der germanische Stamm der Sugambrer.

Im Jahre 55 und 53 v.u.Z. kamen römische Truppen mit Julius Caesar an den Rhein, den sie im südlich von Bonn gelegenen Neuwieder Becken überquerten. Dort lag das Siedlungsgebiet der germanischen Ubier, die mit den Römern bald Freundschaftsverträge schlossen. Nach der militärischen Niederschlagung und Versklavung der Eburonen durch die Römer wurden die Ubier in die nun entvölkerte Region umgesiedelt.

Das ubische Bonn lag um den Bonner Brückenkopf der Kennedybrücke auf einem Landrücken zwischen Rhein und Altrheinarm, der sog. Gumme. Die Gebäude waren Holzpfostenbauten mit Lehmfachwerkwänden. Neben der Töpferei ist der Münzguß verbürgt. Keramikfunde lassen eine Ansiedlung zwischen 40 und 30 v.u.Z. vermuten.

Um 16 v.u.Z. wurde innerhalb der ubischen Siedlung eine römische Militäreinheit stationiert, die den Auftrag zur Erkundung der Region hatte. Diese Einheit soll bis zum Beginn der Germanien-Offensive des römischen Feldherrn Drusus von 12 bis 9 v.u.Z. wieder abgezogen worden sein.

2 000 Jahre Bonn ? - Aber locker !

Im Jahre 1869 feierten die Bonnerinnen und Bonner das 1800jährige Bestehen ihrer Stadt. Die 1900-Jahr-Feier wurde 1969 mit Vorträgen an der Bonner Universität begangen. 1989 warb die Stadt mit dem Slogan "Bonn ist 2000". Die Zeit vergeht im Sauseschritt.

Als Grund für die Vorverlegung des Jubiläums wurde die römische Siedlungsgeschichte im Bonner Raum herangezogen. Es war Caesars Nachfolger im Amte, Augustus, der seinen Adoptivsohn und Statthalter der gallischen Provinzen Drusus (36-9 v.u.Z.) mit der Sicherung des linken Rheinufers beauftragte. Drusus, der im Rahmen seiner Feldzüge von 12 bis 9 v.u.Z. in der Region weilte, befahl 50 Kastelle zum Bau. Diese entlang des Rheins plazierten Stützpunkte wurden ergänzt durch von Flotten gesicherte Brücken bei den Orten "Borma" bzw. "Bona" und "Gesoriam" bzw. "Gesonia".

So steht es jedenfalls bei Lucius Annaeus Florus. Der römische Literat Florus lebte um 120 n.u.Z. Er hatte es sich zu Aufgabe gemacht, Ruhm und Größe des römischen Imperiums zu wahren und zu mehren. "Bormam et Gesoriacum pontibus iunxit classibusque firmavit" ist in dem als beste Florus-Handschrift geltenden Codex Bambergensis E III 22 (B) zu lesen.

"Borma und Gesoriacum verband er (Drusus) durch Brücken und verstärkte sie mit einer Flotte." Schon lange vor jedem Gedanken an eine 2000-Jahr-Feier in Bonn stritten Historiker und Archäologen, Altphilo-

logen und Sprachwissenschaftler um die richtige Zuordnung der genannten Ortschaften. So vermutete man "Borma" in Pont à Selane, Bonn und Köln, auf Borkum und in Nordholland, "Gesoriacum" in Boulogne-sur-Mer, Mainz, Xanten, Gensem (Teil des heutigen Schwarzrheindorf) und Mainz-Kästrich.
Eine definitive Klärung gibt es bis heute nicht. Archäologische Funde einer Hafenanlage oder einer Brücke aus der Zeit von 12 bis 9 v.u.Z. liegen nicht vor. Es ist auch nicht auszuschließen, daß Florus - entsprechend seinem Selbstverständnis - eine phantasievolle Schilderung einer auch für ihn schon vergangenen Phase römischer Geschichte abgab. Andere, historisch nachprüfbare und schließlich nicht haltbare Angaben in seinen Texten lassen diese Annahme zu. Ebensowenig ist allerdings auszuschließen, das Florus` Schilderung zutrifft.
Kurzum, die Stadt Bonn ließ sich die Authentizität ihrer Interpretation nicht nehmen und beschloß, den arithmetischen Mittelwert der Jahre 12 bis 9 v.u.Z. als Gründungsakt der Kommune festzuschreiben.
Dieses Verfahren und die Vehemenz, mit der es verteidigt wurde, warf in dem 1988/89 tobenden Streit zwischen "Jubelbonnern" und "Anti-Bonn-Gelehrten" immer wieder die Frage auf, ob die Zeitgleichheit von 2000-Jahr-Feier und Kommunalwahl als Folge der Zeitläufte, bloßer Zufall oder Ergebnis politischer Rechenkunst zu verstehen sei. Auch dies konnte nicht mit Beweiskraft geklärt werden.
Einige Jahre später ist der Disput fast vergessen. Bonn und seine Geschichtsfreunde können sich wieder entspannter der (römischen) Vergangenheit widmen. Und wenn man künftig schon nicht das ubische Bonn als Maßzahl für die Stadtgeschichte nimmt, tut es vielleicht - wieder - Tacitus: Immerhin lieferte er den ersten unstrittigen schriftlichen Nachweis über die Existenz eines Ortes namens "Bonna". Der römische Geschichtsschreiber schilderte den Verlauf des Bataveraufstands von 69/70. In seinem Bericht erwähnte er "Bonna" und "castra Bonnensia", das Bonner Legionslager, mehrfach. Damit ist nicht ausgeschlossen, daß das römische Bonn schon länger bestand. Aber es besteht Klarheit, daß es ab 69/70 bestand. Früheren Generationen genügte dieses Bezugsdatum jedenfalls zum Feiern.

Kurz nach der Zeitwende wurden erneut Truppeneinheiten mit 1000 Soldaten nach Bonn verlegt. Deren Kastell befand sich bis zur Auflassung um 40 unweit des Bonner Brückenkopfes der Kennedybrücke, im Bereich Marktplatz, Rathausgasse, Belderberg und Brüdergasse.

Mit der Verlegung einer der beiden Kölner Legionen, der ersten Legion "Germanica", wurde um 40 das bis zum Ende der römischen Besatzung um 400 als Militärlager bestehende **"castra Bonnensia"** (s. 7. Station) errichtet.

Diese beinahe quadratische Legionsfestung lag zwischen Rheinpromenade, Rosenthal, Graurheindorfer Straße und Augustusring. Vom Standort blickt man auf die vis-á-vis gelegene Beethovenhalle. Die sich nördlich anschließende Häuserzeile endet vor einer mit altem Baumbestand bewachsenen Hochfläche, dem Schänzchen. Folgt man von diesem Punkt aus der ebenfalls bebaumten Rheinuferpromenade bis kurz vor die weiter nördlich gelegenen Neubauten, so hat man die Rheinseite des Kastells eingegrenzt.

Südlich des Lagers, in dem bis zu 10.000 Menschen lebten, waren

Bonner Rheinufer

entlang der Römerstraße in Richtung Mainz bis zum heutigen Regierungsviertel Wohnquartiere, Werkstätten, Badehäuser, Wirtschaftsgebäude und Gräber plaziert. Das einzige noch erhaltene Dokument römischer Besiedlung sind die Fundamente einer Badehausanlage (s. 15. Station), die sich vor der stadtseitigen Front des Collegium Albertinum, Adenauerallee 17-19, befindet.

Nördlich und südlich des Bonner Brückenkopfes lag **das mittelalterliche Bonn**. Die räumliche Begrenzung des Stadtkerns durch die bis zum 13. Jahrhundert erbaute Stadtmauer bzw. die im 17. Jahrhundert fast im gleichen Verlauf errichtete Bastionsbefestigung ist gut erkennbar. Südlich der Kennedybrücke ist der Alte Zoll gelegen (s. 16. Station). Die nördliche Bastionsbefestigung befand sich an der Stelle der 1956/59 durch Siegfried Wolske erbauten Beethovenhalle (Großer Saal mit 1.600 Plätzen). Die Beethovenhalle liegt im Vergleich zur Bebauung links und rechts deutlich erhöht.

Die um den Brückenkopf gelegene **Altstadt**, teils mit mittelalterlicher Bebauung durchsetzt, wurde durch die schwere Bombardierung von Bonn am 18. Oktober 1944 fast völlig zerstört. Der nördlich des Brückenkopfes gelegene Teil, die sogenannte "Kuhl", war ein Arbeiterviertel.

Unmittelbar nördlich des Bonner Brückenkopfes, im Innenhof des 1988/89 erbauten Scandic Crown Hotels, stand seit 1879 die **Bonner Synagoge**. Die Synagoge wurde in der "Reichspogromnacht" am 9./10. November 1938 ebenso wie die Synagogen in Poppelsdorf, Bad Godesberg und Mehlem von Mitgliedern und Anhängern der faschistischen NSDAP zerstört. Seit 1988 erinnert ein Gedenkstein (s. 16. Station) gegenüber des früheren Standortes der Synagoge an die verfolgte und ermordete jüdische Bevölkerung in Bonn (vgl. auch Kasten "Jüdische Geschichte in Bonn", S. 62).

Die frühere Altstadt existiert heute weder sozial noch architektonisch. Die Bebauung stammt im wesentlichen aus den 50er und 60er Jahren. An den Namen des alten Arbeiterviertels erinnert noch die jährlich auf dem Stiftsplatz stattfindende "Kuhle Kirmes". Unmittelbar am Stiftsplatz steht die Stiftskirche, im Volksmund "Kuhle Dom" genannt.

“De Kuhl” und die Rheinbrücke

In der Kuhl befand sich die Hochburg der KPD und deren Parteilokal, die Gaststätte Heisterbacher Hof an der Ecke Neustraße (heute: Hatschiergasse) Heisterbacherhofstraße.
Bei einem Angriff der faschistischen Sturm-Abwehr (SA) auf das Viertel wurde am 7. Dezember 1930 der Beueler SA-Mann Klaus Clemens im Verlauf der militanten Auseinandersetzungen mit den Bewohnern erschossen. Der Tat verdächtigt wurde der Limpericher Jupp Messinger, Sohn des KPD-Gemeinderats Mathias Messinger. Ein Bonner Gericht sprach Messinger frei. Trotzdem wurde Messinger nach der Machtergreifung der NSDAP, im Februar 1933, in sogenannte Schutzhaft genommen und im ehemaligen Frauengefängnis in der Bonner Viktoriastraße (heute: Heerstraße) 205, inhaftiert. Dieses städtische Gebäude fungierte als SS-Dienststelle (s. 8. Station). Am Morgen des 11. Juni 1933 fand man Messinger tot in seiner Zelle. Er war von den NS-Schergen ermordet worden.
Im gleichen Jahr wurde die 1898 erbaute Bonner Rheinbrücke (1945 kriegszerstört) in Klaus-Clemens-Brücke umbenannt.
Nach 1945 wurde Messinger weder rehabilitiert noch seine Mörder zur Rechenschaft gezogen. Den Angehörigen bot man an, den vor dem Beueler Brückenkopf gelegenen Adolf-Hitler-Platz nach Josef Messinger zu benennen. Die Angehörigen verwahrten sich dagegen; weder sollte das Erbe des vormaligen Namensgebers angetreten noch Personenkult betrieben werden. Heute heißt der Platz Konrad-Adenauer-Platz.

SCHWARZRHEINDORF
RHEIN
Schwarz-
rheindorfer
Werd
Sportplatz
Spielplatz
Schule
1
2

Weg

(1. Station zur 2. Station)

Der Weg zur 2. Station führt zurück auf die Rheinaustraße, hier nach links in Richtung Norden bis zum Straßenende, dort rechts in die Wolfsgasse und dann nach links auf den Hochwasserdamm.

Die Wolfsgasse wird in östliche Richtung durch die Straße An der Wolfsburg verlängert. Rechts neben der Abfahrt ist ein Bauernhof gelegen, aus dessen Bebauung ein dreigeschossiger Turm mit Zeltdach und Wetterfahne herausragt. Der Turm stammt aus dem 13. Jahrhundert und gehörte zur Wasserburg der Familie Wolf von Rheindorf. Die ***"Wolfsburg"*** *genannte Anlage ging im 15. Jahrhundert in das Eigentum der Familie Gymnich über. Neben der aus diesem bis 1806 währenden Besitzverhältnis entspringenden Bezeichnung "Gymnicher Haus" existiert noch der Name "Hof Katzenburg". Der Hof wird bis heute bewirtschaftet.*

Dem Hochwasserdamm in nördliche Richtung folgend, erkennt man rechterhand den Stadtteil Schwarzrheindorf mit der Doppelkirche im Hintergrund.

Auf der linken Seite im Verlauf des Hochwasserdammes befindet sich die Statue eines sitzenden Julius Caesar, der einen Plan mit der Zeichnung einer Brücke in der Hand hält. Das Original dieser ***Caesar-Statue,*** *die 1989 zur 2000-Jahr-Feier der Stadt hier aufgestellt wurde, schmückte einst die Rheinbrücke von 1898 bis zu deren Zerstörung 1945 und stand danach im Garten des Mehlemschen Hauses. Die Statue soll an den Brückenschlag der römischen Truppen unter Julius Caesar in den Jahren 55 und 53 v.u.Z. erinnern, der allerdings im Neuwieder Becken stattfand.*

Gegenüber der Caesar-Statue führt die Arnoldstraße vom Hochwasserdamm ab in Richtung Osten. Am Ende der Straße liegt rechterhand die Doppelkirche Schwarzrheindorf.

2. Station: **Doppelkirche Schwarzrheindorf**

Schon zur Römerzeit lag nördlich des Standorts das Dorf Gensem; Straßennamen wie Alt-Gensem, Gensemer Straße und Im Gensem sollen daran erinnern. Während der Völkerwanderung kamen ripuarische Franken in die Region und siedelten auf dem Hirschberg. Im 9. Jahrhundert entstand eine Burganlage der Karolinger. Die Ansiedlungen hatten alle die gleiche Funktion: Die Sicherung des Rheinüberganges.

Die Königsburg ging um 1100 in den Besitz der Grafen von Wied über. Die von Arnold von Wied zum Bau befohlene Hauskapelle, der Ursprungsbau der Doppelkirche, war in die Burganlage des Grafen integriert. Den sozialen und politischen Rang des Adeligen, der Kölner Domprobst und Kanzler König Konrads III. war, dokumentiert die Gästeliste zur Kirchweihe im Jahre 1151. Neben Arnold von Wied, kurz zuvor zum Erzbischof von Köln erhoben, wohnte der König samt Gefolge der Zeremonie bei. Die Weihe selbst besorgte Bischof Albert von Meissen, assistiert von den Bischöfen Heinrich von Lüttich und Otto von Freising.

Das ursprüngliche Bauwerk wurde als Doppelkapelle in der Form eines griechischen Kreuzes, d.h. ohne Langhaus konzipiert. Die beiden übereinanderliegenden Gotteshäuser sind durch eine achteckige Öffnung miteinander verbunden. Doppelgeschossige Kapellen gelten als nicht ungewöhnlich für Königpfalzen in jener Zeit. Klerus und Adel versuchten Nachahmungen dieser Bauweise, die auch die gesellschaftliche Hierarchie der mittelalterlichen Ständeordnung widerspiegelte. In der Unterkirche saßen die unfreien Hofdiener, während die edelfreien Herren in der Oberkirche Platz fanden.

Die Wandmalereien in der Unterkirche beschreiben in einem Bilderzyklus Visionen des biblischen Propheten Ezechiel (Hesekiel). Sie sind vermutlich bereits im 12. Jahrhundert angebracht worden. Die Doppelkirche zählt wegen ihrer Form und den Wandmalereien zu den bemerkenswertesten Kirchenbauten aus romanischer Zeit in Deutschland.

Nach dem Tod des Arnold von Wied gründete dessen Schwester Hedwig ein Benediktinerinnenkloster. In den Jahren von 1156 und 1170 ließ Hedwig als Äbtissin des Klosters die Kapelle um ein Langhaus

erweitern und den Turm aufstocken. Das Kloster wurde später in ein freiadeliges Kanonissenstift umgewandelt, welches bis zur Säkularisation 1803 bestand. Die Kleidung der Benediktinerinnen hatte namensstiftende Wirkung: Man nimmt an, daß ihr Habit den alten Ortsnamen Gensem verdrängte und dem Rheindorf das “schwarz” zufügte. Einen dergestalten Einfluß hatten auch Zisterzienserinnen, deren Kloster im linksrheinischen Graurheindorf stand.

Die nördlich der Kirche gelegene Burg wurde nach ihrer Zerstörung 1582 abgetragen, die Klostergebäude verschwanden nach 1803. Nach der Auflösung des Stifts nutzte man die Kirche nicht mehr entsprechend ihrer Bestimmung. Das Anwesen verfiel. 1832 wiedergeweiht, wurde das Gebäude ab 1868 als Pfarrkirche für Schwarzrheindorf genutzt.

Weg
(2. Station zur 3. Station)

Der Weg führt über die Arnoldstraße zurück auf den Hochwasserdamm und folgt diesem. Rechterhand erstreckt sich die Wohnbebauung im Bereich des alten Gensem. Der Hochwasserdamm führt auf die Kläranlage zu, knickt dann nach links ab und läuft dann in nördliche Richtung auf die Friedrich-Ebert-Brücke zu. Noch vor der Brücke liegt rechts vomHochwasserdamm unter altem Baumbestand der Jüdische Friedhof Schwarzrheindorf. Der Weg geht weiter entlang des Hochwasserdam-

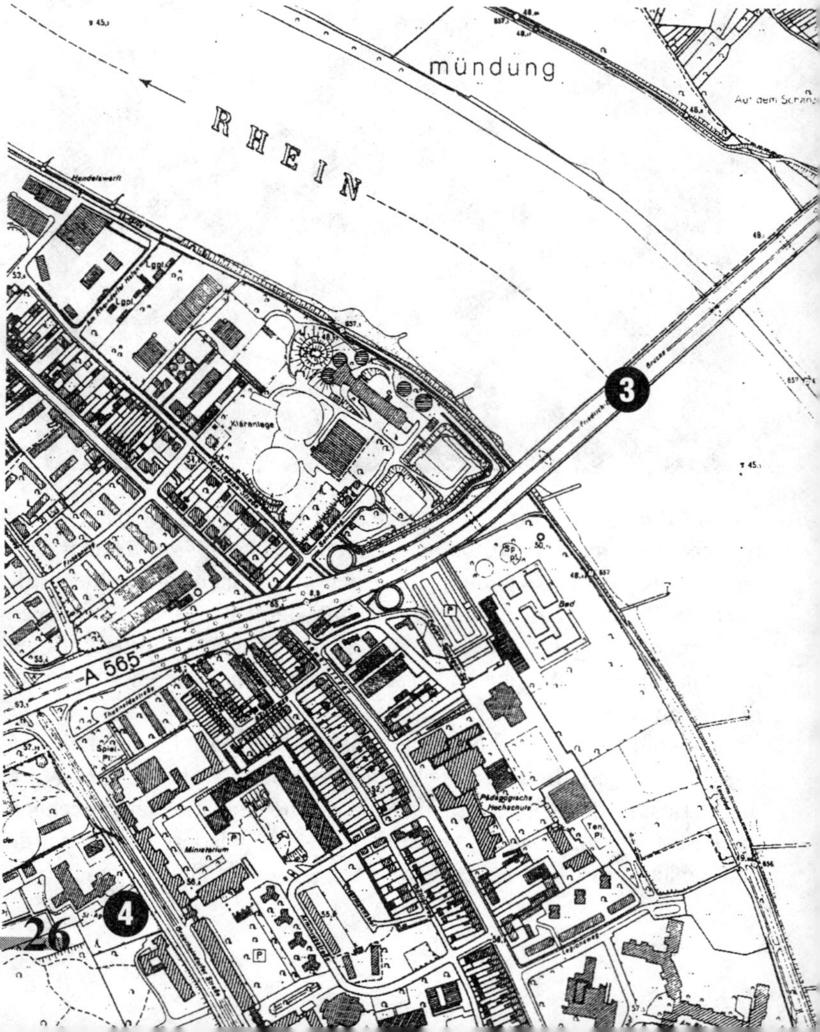

mes und unterquert die Brücke. Direkt hinter dem Brückenkopf führt eine Rampe auf die Friedrich-Ebert-Brücke; in deren Mitte ist der Standort der 3. Station.

Der ***Jüdische Friedhof Schwarzrheindorf*** *ist vermutlich bis 1937 als Begräbnisstätte genutzt worden; die ältesten Gräber datieren von 1656, 1673 und 1674. Der nördliche Teil gehörte der früheren Synagogengemeinde Beuel,der südliche Teil der Bonner Judenschaft. Letztere erwarb 1818 das gesamte Gelände. In der Vergangenheit wurden die Grabsteine wiederholt durch unbekannte Täter beschädigt und mit Hakenkreuzsymbolen beschmiert. An dem vor dem Eingang plazierten Gedenkstein (Inschrift: "Erinnere Dich Deiner ermordeten jüdischen Mitbürger, auf daß diese Zeit nicht wiederkehre") ist nicht seine Existenz auffallend, sondern der Umstand, daß die selbständige Stadt Beuel im gesamtbonner Vergleich relativ früh, nämlich 1968, der jüdischen Opfer des NS-Regimes gedachte. Andererseits geschah auch das weit außerhalb der Stadt und nicht an der Stelle der abgebrannten Synagoge in der Wilhelmstraße.*

3. Station: **Friedrich-Ebert-Brücke**

Von der Mitte der Friedrich-Ebert-Brücke (erbaut 1964/67) ergibt sich ein Blick auf das nördlichste Stadtgebiet von Bonn und die Siegmündung.

Das rechtsrheinisch gelegene Gebiet, die **Kemper Werth,** ist das letzte größere nicht gestaltete Auengelände im Stadtgebiet. An der nördlichen Spitze der Kemper Werth mündet die Sieg in den Rhein. Dahinter liegt die Gemeinde Niederkassel-Mondorf.
Auf der Kemper Werth befand sich im 30-jährigen Krieg eine hart umkämpfte Festung, die wegen ihrer Form den Namen "**Pfaffenmütz**" trug. Die Kemper Werth war damals eine nördlich der Siegmündung gelegene Insel. Die Mündung der Sieg, die erst im 19. Jahrhundert verlegt wurde, befand sich ca. 300 m nördlich der Friedrich-Ebert-Brücke. Die Holländer bauten 1620 auf der Kemper Werth eine Schanze, von der aus die Rheinschiffahrt kontrollierbar war. Schon 1622 wurde die Pfaffenmütze von kurkölnischen Truppen unter Führung des Kurfürsten Ferdinand von Bayern erobert. 1624 soll die Schanze durch Eisgang und Hochwasser zerstört worden sein.

Auf der linken Rheinseite liegt der Stadtteil **Graurheindorf**. Ganz im Norden des Straßendorfes ist der Turm der Kirche St. Margareta zu erkennen. Um die 1806 neu erbaute Pfarrkirche siedelte das Kloster der seit 1149 ansässigen Zisterzienserinnen, deren graues Ordenskleid diesem Rheindorf seinen Namen gab.
Im Süden von Graurheindorf befindet sich die einzige in Bonn noch industriell genutzte Hafenanlage, die Rheindorfer Handelswerft, die über einen Gleisanschluß zur Rheinuferbahn verfügte. Unterhalb dieses Geländes liegt die Kläranlage Salierweg.

Schaut man entlang des Verlaufs der Friedrich-Ebert-Brücke, so ist im Hintergrund südlich der Autobahntrasse der Büroturm des Bundesministeriums des Innern zu erkennen (s. 4. Station). Im Vordergrund steht das Hochhaus der Pädadogischen Fakultät der Bonner Universität. Weit im Süden ist das Abgeordnetenhochhaus, der "Lange Eugen", zu sehen (s. 19. Station). Am Horizont baut sich das **Siebengebirge** auf (s. 21. Station).

Linkerhand, also auf der rechtsrheinischen Seite, fallen die Glockentürme der Kirchen St. Josef in Beuel, der Doppelkirche Schwarzrheindorf (s. 2. Station) und **St. Peter in Vilich** auf. Der Turm der Pfarrkirche St. Peter wurde in dieser Form um 1700 errichtet. Die Kirche selbst ist deutlich älter. Der Chorbau stammt aus den Jahren 1270/80, das Querschiff wurde 1590/95 erbaut. St. Peter gehört zu dem 976 gegründeten und 1804 aufgelösten Damenstift. Das von der später heiliggesprochenen Äbtissin Adelheid (965-1015) geführte Stift lag im Zentrum von Vilich, dem früheren Hauptort im heutigen rechtsrheinischen Stadtgebiet. Der Legende nach hat Adelheid zur Zeit einer großen Dürre in Pützchen eine Quelle entstehen lassen. Dank der Adelheidisquelle entwickelte sich Pützchen (Pütz = lat. puteus = Brunnen, Pfütze) zum Wallfahrtsort. Der bald entstehende Jahrmarkt gilt als Vorläufer des alljährlichen Volksfestes "Pützchens Markt".

Graurheindorf mit Hafen

Weg

(3. Station zur 4. Station)

Die Überquerung der Friedrich-Ebert-Brücke endet in einer spiralförmigen Abfahrt. Nach dem Ende der Abfahrt orientiert man sich nach links und biegt noch vor der Wohnbebauung in einen nach rechts führenden Fuß-/Radweg. Folgt man dem Fuß-/Radweg im Brückenverlauf, so kreuzt man die Römerstraße, läßt die Wohnbebauung an der Thusneldastraße links liegen und stößt auf die Graurheindorfer Straße. Nach ca. 200 Metern stadteinwärts wird an der Straßenbahnhaltestelle ein Fußgängerüberweg erreicht, an dem die Graurheindorfer Straße überquert werden kann.

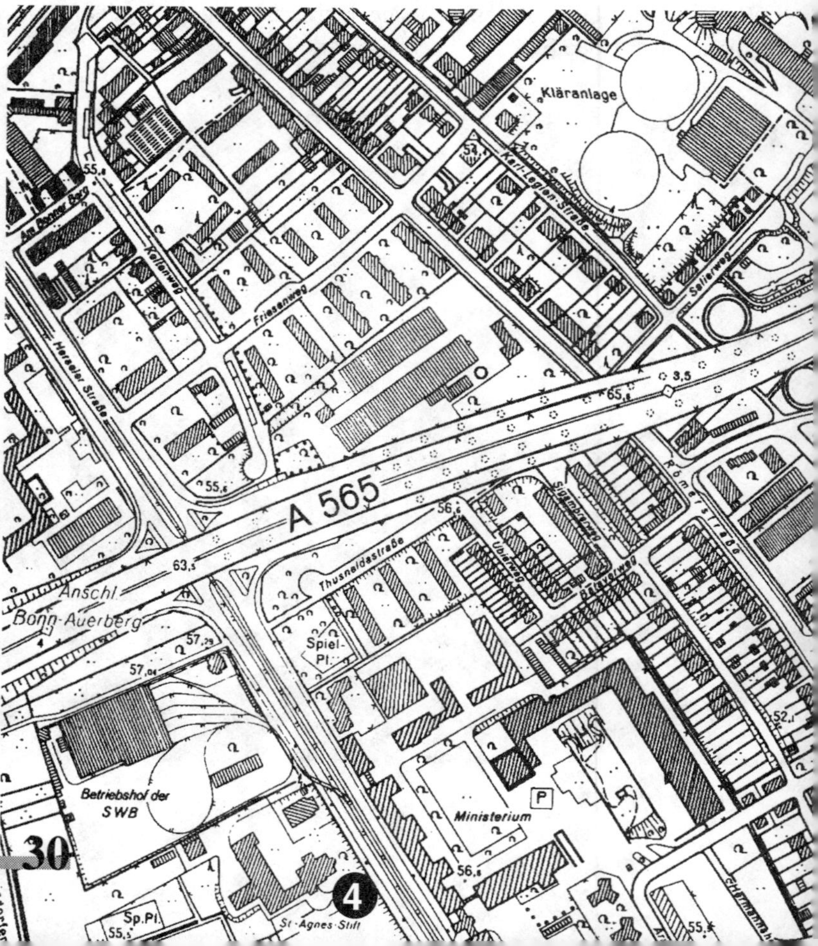

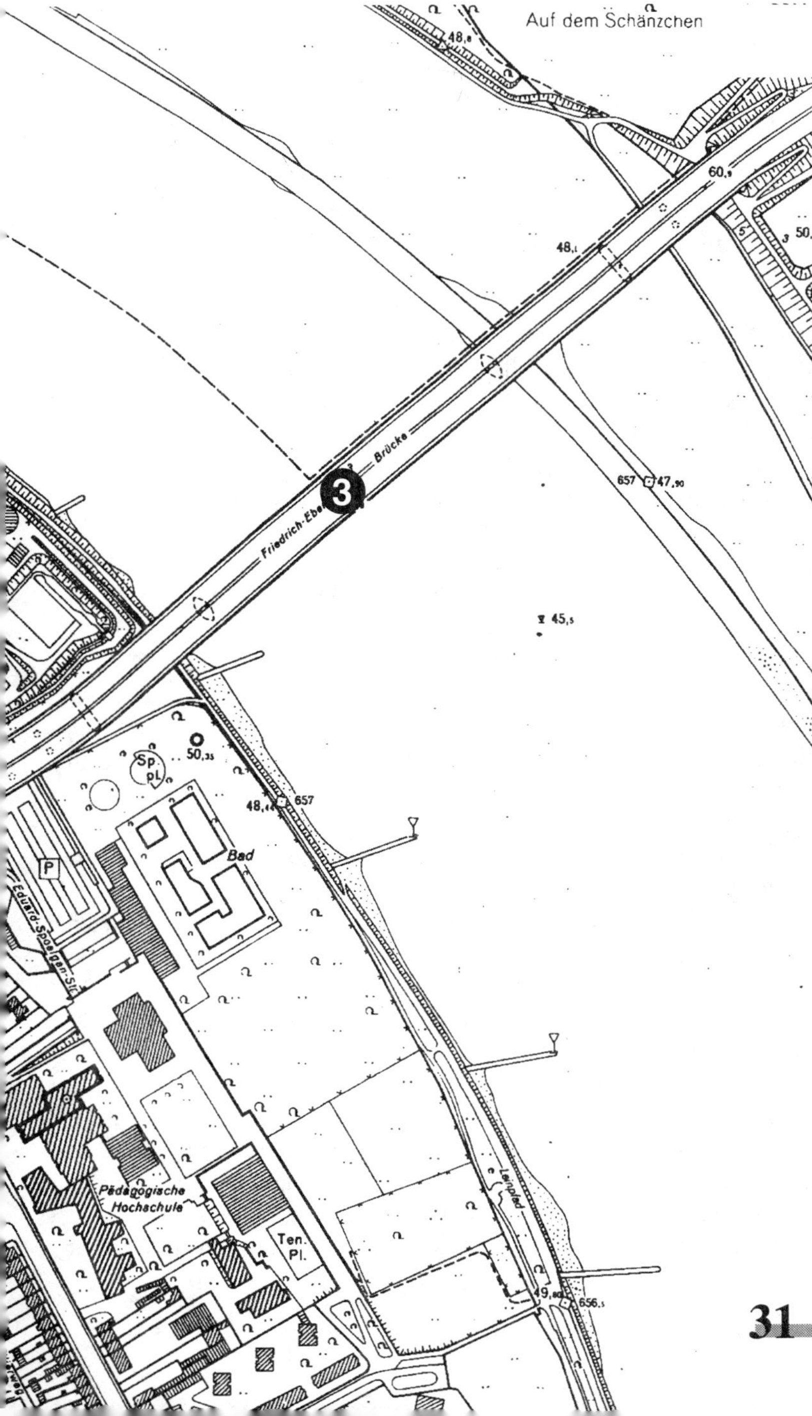
Auf dem Schänzchen
48,8
60,9
48,1
Friedrich-Ebe
Brücke
3
657
47,90
45,5
Sp. pl.
50,35
48,44
657
Bad
P
Pädagogische
Hochschule
Ten. Pl.
Leinpfad
49,80
656,5

4. Station: **Bundesministerien Graurheindorfer Straße**

Der Überweg führt direkt auf das um 1900 erbaute St. Agnesstift zu, heute als Internat für Mädchen und junge Frauen genutzt. Oberhalb dieser Anlage befindet sich das alte Straßenbahndepot der Stadt, ein Industriedenkmal im Jugendstil.

Von dieser Straßenseite, auf der unterhalb des St. Agnesstiftes das **Bundesminsterium für Gesundheit** angesiedelt ist, eröffnet sich ein Blick auf die nun gegenüberliegenden **Bundesministerien des Inneren und der Finanzen**. Die Ministerien sind auf dem Kasernengelände des königlich-preußischen Husarenregiments eingerichtet.

Seit 1816 lag in Bonn ein preußisches Kavallerie-Regiment. Die Königshusaren waren ab 1852 in der Sternthor- und Welschnonnenkaserne stationiert. 1882/83 entstand die Kölntor-Kaserne in der (Grau-) Rheindorfer Straße, wo die Husaren bis zum Ende des 1. Weltkrieges blieben. Dem **Husarenregiment** Kaiser Wilhelm I. widmete man Anfang des 19. Jahrhunderts gar ein "Ehrenmal", welches am Fuße des Alten Zoll (s. Weg 16. Station zur 17. Station) angebracht ist.

Nach 1918 diente die Kaserne, es ist das Gebäude mit Walmdach, als Polizeischule. Das Finanzministerium zog in die für ein Maschinengewehr-Bataillon vorgesehene, bis zum Ende des 2. Weltkrieges aber nicht fertiggestellte Unterkunft. Der Hochbau stadteinwärts entstand Anfang der 50er Jahre.

Überhaupt hatte Bonn im Wettbewerb um den Sitz der provisorischen **Bundeshauptstadt im Wettbewerb** mit Frankfurt, Kassel und Stuttgart große Einheiten bebauter und unbebauter Fläche anzubieten. Bei der bebauten Fläche handelte es sich im wesentlichen um von der preußischen Regierung seit 1815 im Stadtgebiet erbaute Kasernen. Das Bundesministerium für Arbeit und das Bundesministerium für Ernährung, Landwirtschaft und Forsten wurden in die Troilokaserne in der Rochusstraße in Duisdorf einquartiert. Ebenfalls in Duisdorf, in der Lengsdorfer Straße (heute: Villemomblerstraße), stand die Gallwitzkaserne, in die das Bundesministerium für Wohnungsbau und das Bundesministerium für Wirtschaft einzogen. Das Bundesministerium für Angelegenheiten der Vertriebenen kam in die Ermekeilkaserne in der Südstadt; hier zogen später Dienststellen des Bundesministeriums für

Verteidigung ein (s. 14. Station). Das Haupthaus dieses Bundesministeriums steht auf dem Gelände des früheren Strafgefangenenlagers (Stalag) VI G, einem Arbeitslager des NS-Regimes.

Bundesministerium des Inneren

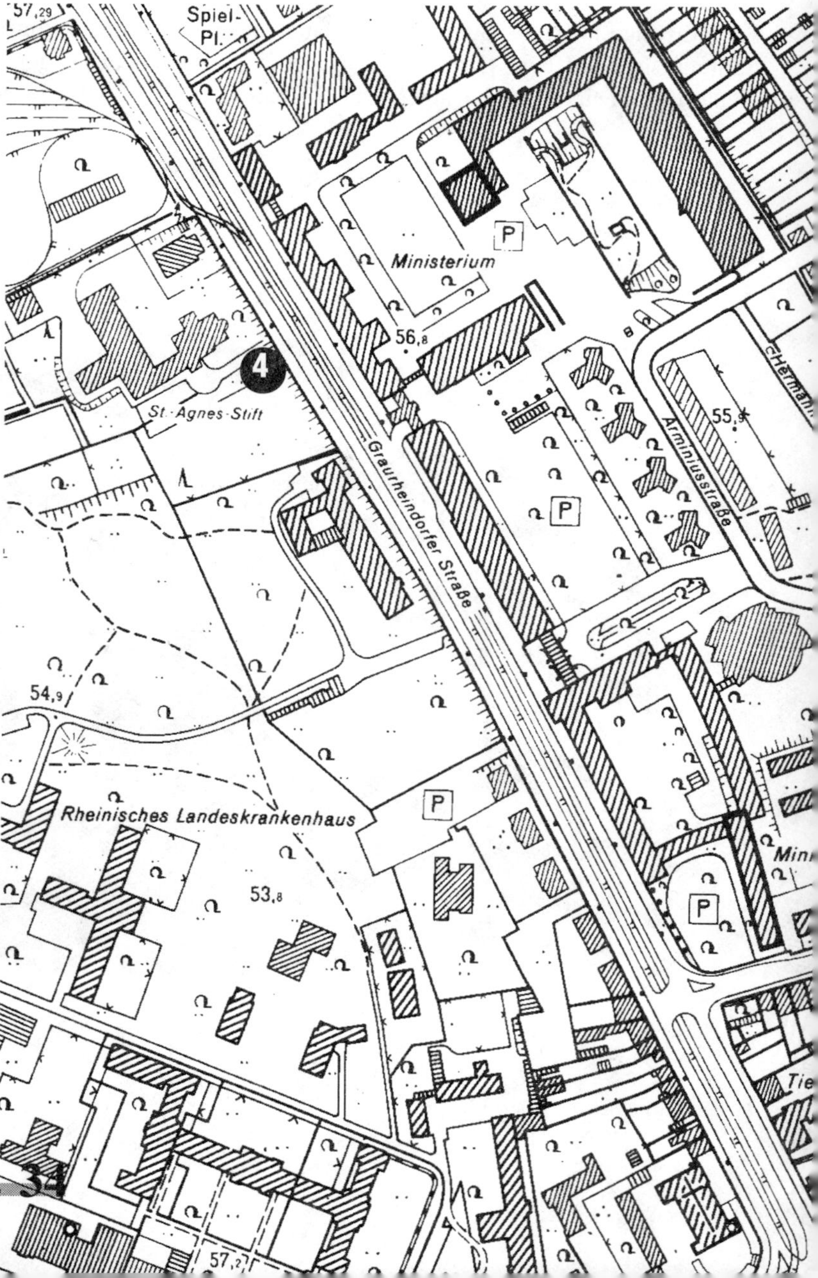
57,29
Spiel-
Pl.
Ministerium
P
56,8
4
St.-Agnes-Stift
Graurheindorfer Straße
Arminiusstraße
55,9
54,9
Rheinisches Landeskrankenhaus
53,8
57,2

Weg
(4. Station zur 5. Station)

Der Weg folgt der Graurheindorfer Straße weiter stadteinwärts bis zum nächsten Fußgängerüberweg. Nach dessen Überquerung biegt man in die nach links abzweigende Husarenstraße. Die Husarenstraße stößt auf die Römerstraße.

An der Stelle des Neubaus Ecke Graurheindorfer Straße befand sich bis Mitte der 80er Jahre die Gaststätte "Husareneck". Im Verlauf der Husarenstraße bleibt links das ehemalige Kasernengelände zurück. Rechts steht eine Liegenschaft des ***Bundesministeriums für Umwelt, Naturschutz und Reaktorsicherheit*** *(eingerichtet 1986), dahinter ein weißer Funktionsbau in kaum für möglich zu haltender Minimal-Architektur (Typ Container) aus dem Jahre 1991, welcher Teile des* ***Bundesministeriums der Finanzen*** *beherbergt.*
An der Ecke Römerstraße/Am Jesuitenhof lag bis Ende der 60er Jahre der Bonner Zoo; der war in den 30er Jahren aus dem städtischen Schulgarten hervorgegangen und mußte der Wohnbebauung weichen.

Der Römerstraße stadteinwärts folgend, führt der Weg an das rechterhand noch vor dem Augustusring gelegene Portal des Jüdischen Friedhofs.

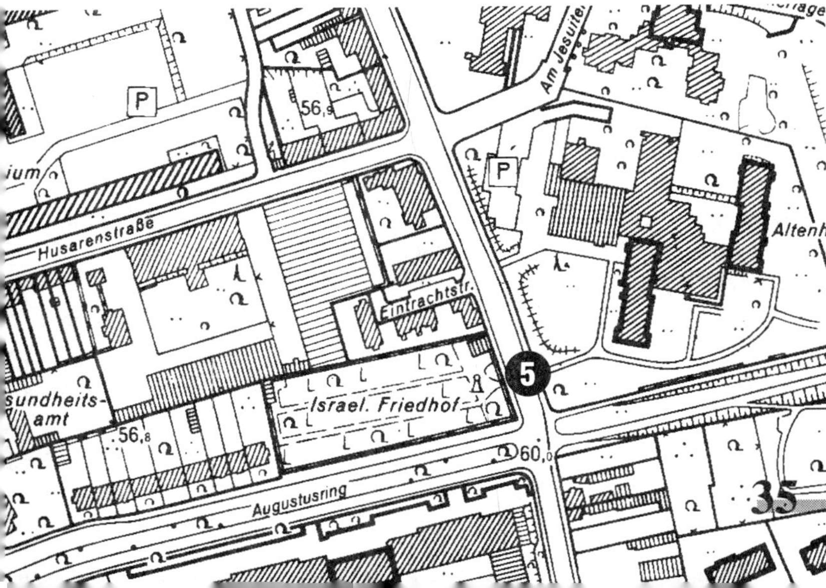

5. Station: **Jüdischer Friedhof Bonn**

Dieser Friedhof wird bis zum heutigen Tage genutzt. Rücksichtnahme bei der Besichtigung ist angezeigt; dazu gehört die Bedeckung des Kopfes. Zu beachten sind die Öffnungszeiten: April bis Oktober: 9 Uhr bis 18 Uhr; November bis März: 10 Uhr bis 16 Uhr; Sonnabends sowie an gesetzlichen und jüdischen Feiertagen geschlossen.

Unmittelbar gegenüber des Eingangstores befindet sich ein Denkmal für die im 1. Weltkrieg gefallenen Frontsoldaten jüdischen Glaubens. Rechterhand steht die Totenhalle, linkerhand ein Gedenkstein für die jüdischen Opfer des Faschismus (Inschrift: "Zum Gedenken der 1933-1945 ums Leben gebrachten Brüder und Schwestern von Bonn und Umgebung").

Die ältesten Gräber des am 2. April 1873 eingeweihten Friedhofs stammen von 1872. Der vordere Teil sowie die linke Seite der rechteckigen Begräbnisstätte ist der älteste Bereich der Anlage. Neben diesem und dem in Schwarzrheindorf gelegenen Friedhof (s. Weg 2. Station zur 3. Station) befanden sich im heutigen Stadtgebiet von Bonn drei weitere Friedhöfe.

Die Synagogengemeinde **Poppelsdorf** hat für ihre auch in Kessenich, Endenich, Duisdorf und Lengsdorf wohnenden Mitglieder eine Begräbnisstätte in der Hainstraße 78 in Endenich. Der älteste der 99 erhaltenen Grabsteine datiert von 1865, die jüngsten von 1950 und 1963. In **Bad Godesberg** befand sich, wie in einem Rechtsstreit über das Eigentum an dem Gelände im Jahre 1731 dem Kurfürsten mitgeteilt wurde, seit "undenklichen Zeiten" ein Friedhof am Osthang der Godesburg. Nach dessen Schließung 1895 wurde eine neue Begräbnisstätte in Verbindung mit dem christlichen Friedhof am Berghang angelegt. Eine weitere Begräbnisstätte ist in der rheinnahen Deichmanns`Aue nachgewiesen, in der heute die US-amerikanische Botschaft und das Bundesministerium für Raumordnung, Bauwesen und Städtebau angesiedelt sind.

Die zur Synagogengemeinde Godesberg gehörigen Juden in **Mehlem** hatten einen eigenen Friedhof zwischen Oberau- und Rodderbergstraße. Im Bonn umgebenden **Rhein-Sieg-Kreis** bestehen 14 Friedhöfe, namentlich in Siegburg, Mondorf, Geistingen, Eitorf, Rupperichteroth, Königswinter, Honnef, Bornheim, Hersel, Walberberg, Alfter, Heimerzheim, Wormersdorf, Rheinbach und Meckenheim. Der Jüdische Friedhof in Siegburg ist nach Fläche und Grabstätten der größte und nach dem wahrscheinlichen Einweihungsjahr 1361 der älteste in der Region.

Denkmal für die gefallenen jüdischen Frontsoldaten des 1. Weltkriegs

Weg
(5. Station zur 6. Station)

Nach dem Verlassen des Friedhofs führt der Weg nach rechts auf den Augustusring.

An der Mauer des Friedhofs am Augustusring bezeichnet die Kopie eines Grabreliefs den Standort des **Nordtores des Römerlagers.** *Das strategisch gut plazierte Lager umfaßte mit der "Via Principales" die alte Handels- und Heerstraße, deren Verlauf der heutigen Römerstraße weitgehend entspricht. Am Hause Römerstraße 22, kurz vor der Kreuzung Rosental, ist der Standort des südlichen Lagertores durch ein römisches Grabmal kenntlich gemacht.*

Man folgt dem Fuß-/Radweg entlang des Augustusringes bis zur Graurheindorfer Straße. Nach deren Überquerung passiert man den Back - steinbau der Pfarrkirche St. Joseph und kommt entlang des Kaiser-Karl-

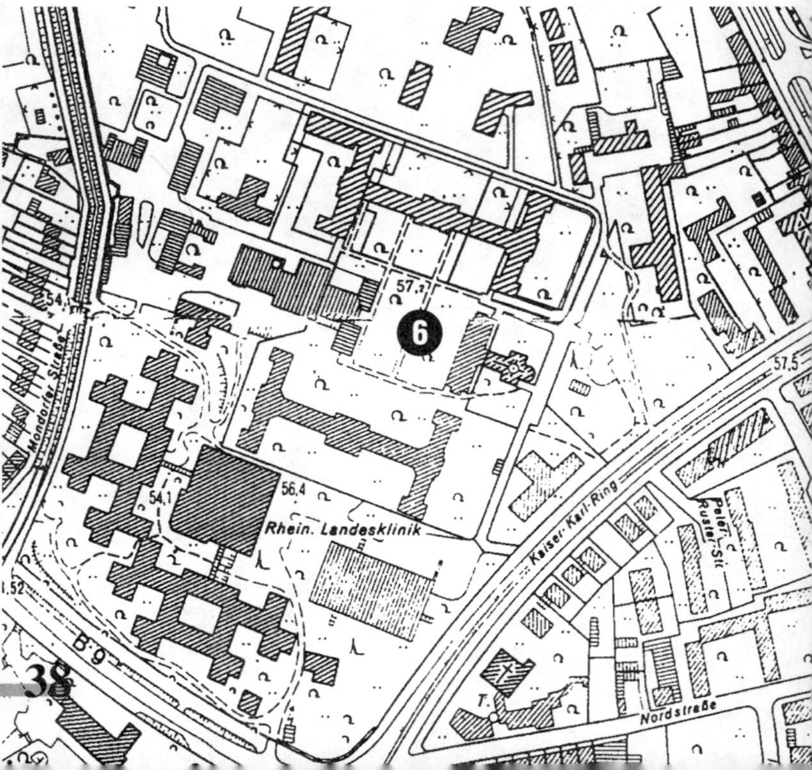

Ringes bis zum rechterhand gelegenen, backsteinverklinkerten Haus der Deutschen Angestellten-Akademie.

Auf der gegenüberliegenden Straßenseite vis-à-vis befindet sich das ehemalige Arbeitsamt der Stadt, rechts durch einen Neubau der 60er Jahre ergänzt.

Hinter dem Gebäude der Deutschen Angestellten-Akademie führt ein Fußweg auf das Gelände der Rheinischen Landesklinik. Am Ende dieses Weges, der auf eine Asphaltstraße stößt, wird ein Kirchengebäude sichtbar. Vor dem Kirchengebäude, der Christ-König-Kirche, führt ein Fußweg in den Innenhof des Gebäudekomplexes der Rheinischen Landesklinik.

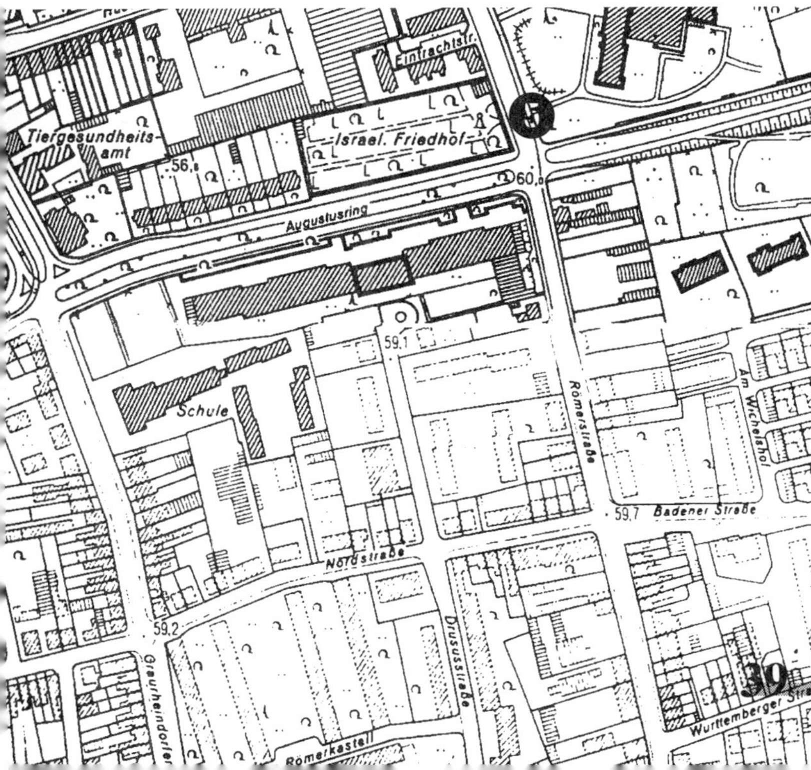

6. Station: **Rheinische Landesklinik**

Die Anlage wurde im Jahre 1882 als Preußische Irren-, Heil- und Pflegeanstalt Bonn eröffnet. Zu dieser Zeit lagen die Gebäude weit außerhalb der Stadt.

In der Zeit des Faschismus sind aus der damaligen Provinzial- Heil- und Pflegeanstalt Bonn Anstaltsinsassen jüdischen Glaubens zur systematischen Ermordung deportiert worden.

Im westlichen Teil der Anlage befindet sich heute die Rheinische Landesklinik, das psychiatrische Krankenhaus in der Stadt. Dieser den Hof umgebende Teil des städtebaulich bedeutsamen Gebäudekomplexes stand nach Jahren des Verfalls kurz vor dem Abriß; mit der Rekonstruktion wurde erst Ende der 80er Jahre begonnen. Heute stehen die Häuser der Wohnnutzung zur Verfügung.

Die vom Hinweg zu erkennende **Christ-König-Kirche** ist in das den Hof nach Süden abschließende Gebäude integriert. Sie wird über die mittlere Tür dieser Hausfront erreicht. Der Eingang zur Kirche selbst befindet sich in der 1. Etage.

Medizinischer Terror im Faschismus

Am 10. Februar 1941 sind mindestens 17 jüdische Bonner Anstaltsinsassen der ***Provinzial- Heil- und Pflegeanstalt*** *aussortiert und mit einem Autobus der Tarnorganisation "Gemeinnützige Krankentransport GmbH" über Andernach ins hessische Hadamar bei Limburg transportiert worden. Sie wurden in der dortigen Psychiatrischen Anstalt vergast. Sechs weitere Transporte mit mindestens 145 Anstaltsinsassen folgten, bis aufgrund zunehmender, insbesondere kirchlicher Proteste diese Aktion gestoppt wurde. Im Zuge der "wilden Euthanasie" wurden 1943 mindestens 70 Kinder und Jugendliche aus der "Kinder- und Jugendpsychiatrie Bonn" in der Heil- und Pflegeanstalt Kalmenhof bei Idstein/ Taunus mit Spritzen getötet. Mindestens 20 erwachsene Patienten der Bonner Anstalt transportierte man 1943/44 in die Vernichtungsanstalt Meseritz/Obrawalde in Polen. In einem Gerichtsverfahren wurden die leitenden Ärzte der Anstalt und des Erbbiologischen Instituts Bonn 1948 mit der Begründung freigesprochen, sie hätten mit Erfolg versucht, durch bewußt falsch gestellte Diagnosen Patienten vor dem Transport in die Vernichtungslager zu bewahren.*

Aus der ***Hertz'schen Privat- Heil- und Kuranstalt,*** *Kreuzbergweg 4 in Bonn-West, wurden ebenfalls Anstaltsinsassen jüdischen Glaubens in die sogenannte Zwischenanstalt Andernach transportiert. Die verantwortlichen Ärzte wurden nie vor Gericht gestellt.*

Als weiterer Ort medizinischen Terrors ist die ***Chirurgische und Universitätsfrauenklinik*** *zu nennen, die bis zu ihrer kriegsbedingten Zerstörung in der Theaterstraße 5, auf dem Gelände der heutigen Beethovenhalle, stand. Hier wurden etwa 1.000 Anstaltsinsassinnen und auch Verwandte aufgrund des "Gesetzes zur Verhütung erbkranken Nachwuchses" nach 1933 zwangssterilisiert. Auch die "Rheinland-bastarde", wie Teile der Bevölkerung die Kinder deutscher Frauen und schwarzer französischer Soldaten nannten, die zur Zeit der französischen Besatzung des Rheinlandes bis 1926 stationiert waren, wurden hier sterilisiert. Das NS-Regime erfaßte nach 1933 systematisch alle Kinder und Jugendlichen aus diesen Beziehungen und ließ sie zwangssterilisieren.*

Weg

(6. Station zur 7. Station)

Vom Innenhof geht es retour auf die Asphaltstraße, hier rechts und geradeaus bis zurück auf den Kaiser-Karl-Ring. An der nahe gelegenen Kreuzungsanlage Kaiser-Karl-Ring/Kölnstraße kann die Straße nach Süden überquert werden.
Nach ca. 50 Metern zurück in östlicher Richtung mündet die Nordstraße in den Kaiser-Karl-Ring. Die Nordstraße ist gegenläufige Einbahnstraße; sie kann aber per Rad befahren werden. Im Verlauf der Straßen-

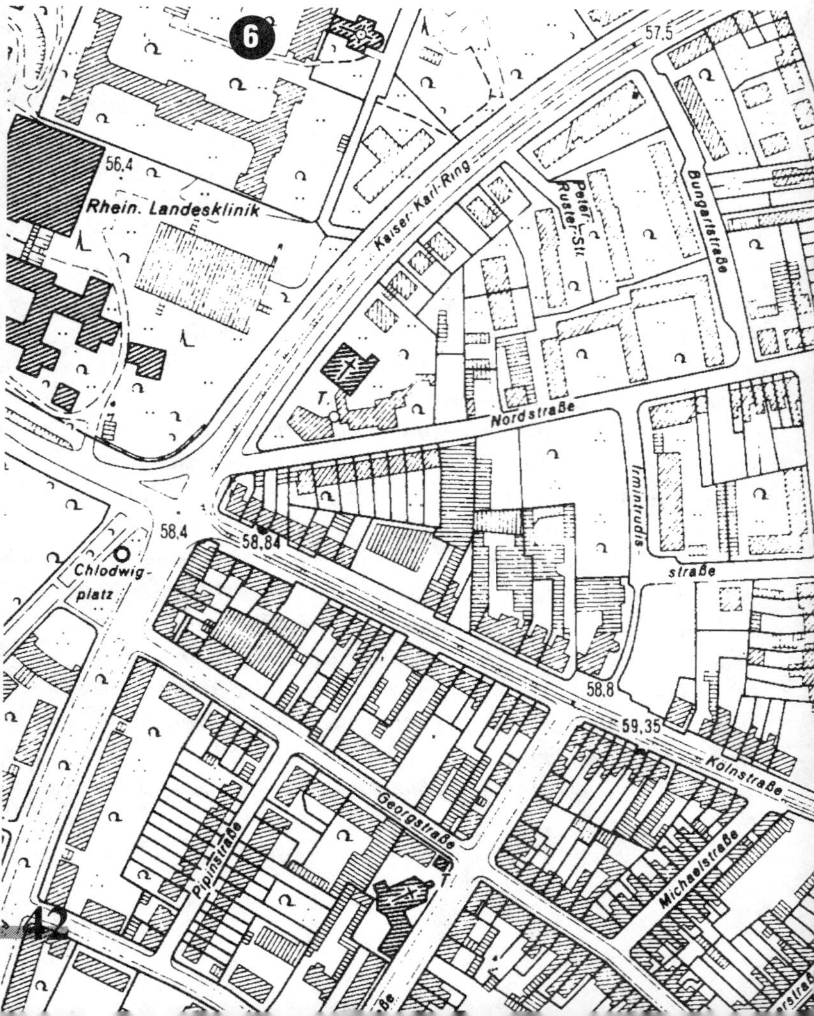

führung wird die Dietkirchenstraße passiert, deren Namensgeberin gleich zu sehen sein wird. An der darauffolgenden Kreuzung Nordstraße/ Graurheindorfer Straße geht es rechts ab, dann in die nächste Querstraße links, Am Römerkastell.

Unmittelbar am rechten Rand des Eingangsbereichs der Straße Am Römerkastell führt ein Fußweg in den Innenhof der Wohnanlage.

7. Station: **Römerlager/Dietkirchen**

Seit der Überquerung der Graurheindorfer Straße befindet man sich in der südwestlichen Ecke des ehemaligen Römerlagers (vgl. 1. Station). Im Zentrum der Freifläche steht ein zur 2000-Jahr-Feier 1989 gestiftetes Bronzemodell des **"castra Bonnensia"**. Das Modell soll die vermutete Anordnung des Lagerbereiches zwischen 69/70 und 275 darstellen. Im Jahre 275 wurde das Kastell durch die Franken gestürmt und zerstört. Nach dem Abzug der römischen Truppen um 400 wurde das Legionslager zur zivilen Besiedlung genutzt. Mit der Niederlassung der Franken kam die Bezeichnung **"Bonnburg"** auf. Die Franken, die hier im 6. Jahrhundert eine Münzstätte betrieben, nutzten die strategisch günstig gelegene Anlage als Brückenkopf.

Auf dem Gelände sind die Umrisse eines Kirchenbaus markiert. Es handelt sich um die Didinkirica, die auf den Grundmauern eines römischen Kasernengebäudes entstand.

Didinkirica heißt Dietkirche, was wiederum Volkskirche heißt. Nach der Legende soll der erste nachgewiesene Kölner Bischof Maternus (um 314) diese Bonner Urpfarrkirche St. Peter geweiht haben. Um 500 hat sie nach dem Grabungsbefund bereits bestanden. Die erste urkundliche Erwähnung stammt von 795. Im 11. Jahrhundert entstand ein Kloster, später ein adeliges Damenstift.

In der Nähe der Dietkirche machte man zahlreiche Funde aus fränkischer Zeit, die vermuten lassen, daß es sich hier um einen Siedlungsschwerpunkt gehandelt hat. Erst beginnend mit dem 8. Jahrhundert und abschließend mit dem 11. Jahrhundert verlagerte sich die Siedlungsanlage aus dem Bereich des alten Römerkastells in das Gebiet um das Bonner Münster (s. 11. Station).

Das Volk ging, die **Dietkirche** blieb. Um die Stiftskirche verblieb eine dörfliche Anlage, die den naheliegenden Namen Dietkirchen führte. Erst 1673 wurden Kirche und Damenstift hinter die Stadtmauer verlegt. Die Nachfolge-Kirche entstand an der Stelle der heutigen Stiftskirche von 1881/84, dem "Kuhle Dom", am Stiftsplatz in Höhe der Kölnstraße.

Grundriß der Didinkirica

Weg

(7. Station zur 8. Station)

Am südlichen Ausgang der Wohnanlage stößt man auf die Straße Rosental; hier verlief die südliche Begrenzung des Römerlagers. Der Weg führt nach rechts entlang des Rosentals und weiter geradeaus über die Kreuzung Kölnstraße in die Heerstraße. Die nächste Station ist die erste Säule, die Kopie einer römischen Grabskulptur, in Höhe der Paulstraße/Georgstraße.

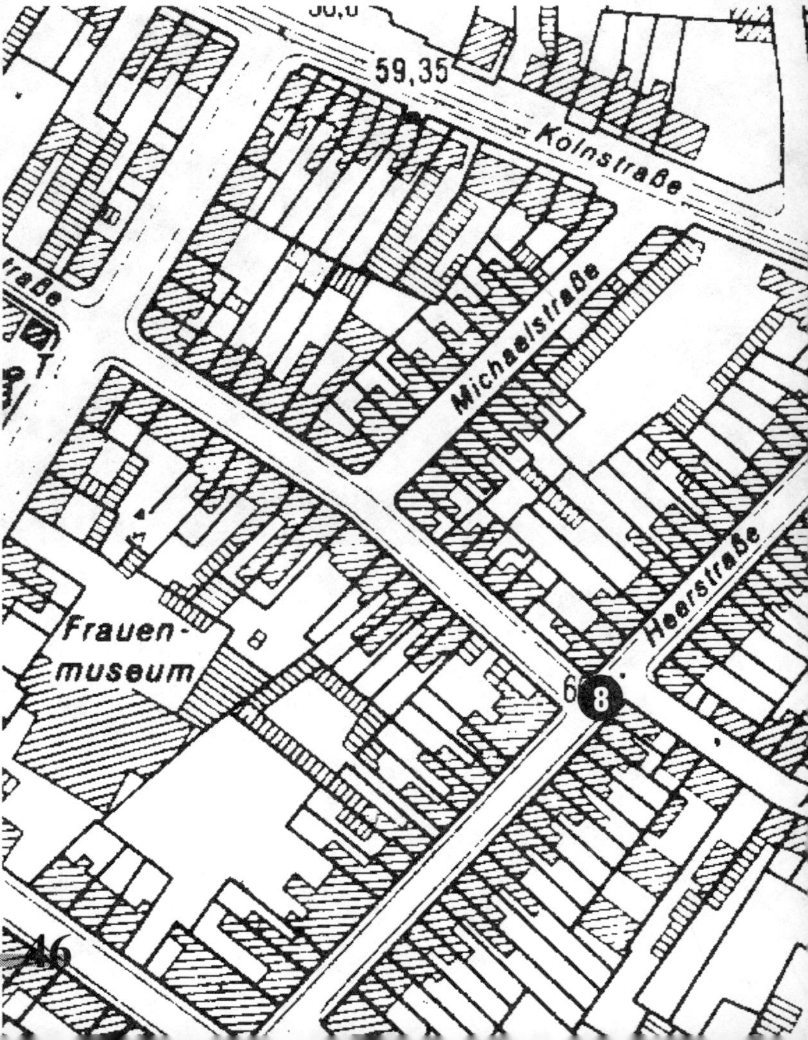

7
59,9
Am Johanneskreuz
B 9
A
N.D.

8. Station: **Nordstadt: Heerstraße/ Ecke Paulstraße**

Fast parallel zur Heerstraße, leicht nördlich versetzt, verliefen die römische Wasserleitung und die Heeres-Straße von Trier nach Bonn. Das war für die Stadt wohl der Grund, Ende der 80er Jahre Kopien römischer Grabskulpturen zur Verkehrsberuhigung in den Straßenverlauf zu setzen.

Die Heerstraße ist die Magistrale der häufig Altstadt genannten **Nordstadt**, dem proletarisch-kleinbürgerlichen Gegenstück zur bürgerlichen Südstadt (s. 14. Station). Nord- und Südstadt entstammen der gleichen baugeschichtlichen Periode von 1860 bis 1914. In der Nordstadt entstanden die ersten Häuser eines sozialen Wohnungsbaus in Bonn (s. Weg 7. Station zur 8. Station). Das Viertel ist von Gewerbeansiedlungen durchmischt. Über die soziale Lage der Bewohnerinnen und Bewohner geben die Anbauten in den Hinterhöfen Auskunft. Einrichtungen der Tierhaltung wie Schweinekoben sind bis heute erkennen.

Lange Jahre verkam die Nordstadt. Dies führte wenigstens zu günstigen Mieten, wenngleich unter miserablen **Wohnbedingungen.** Viele Häuser haben Toiletten im Zwischengeschoß und keine Bäder. Seit einigen Jahren bemüht sich die Stadt Bonn um eine Aufwertung des Viertels. Die Straßenzüge im Dreieck Heerstraße, Breite Straße und Maxstraße wurden aufgepflastert, verkehrsberuhigt und mit Anpflanzungen versehen.

Der Charakter des multikulturellen Viertels wird außer durch seine Bewohnerinnen und Bewohner durch die Vielzahl von Einzelhandels- und Dienstleistungsgeschäften deutscher und türkischer Inhaber sowie durch die Kneipen geprägt. Hier existiert auch ein wie nirgendwo sonst in der Stadt zu findendes politisches **Milieu.** Linke, autonome und feministische Gruppen haben hier ihre Treffpunkte, Anlaufstellen und Büros. Dazu gehören z.B. die (Frauen-)Buchläden, das autonome Mädchenzentrum und die Volxküche in der Wolfstraße. Einmalig in town ist auch das Frauenmuseum, Im Krausfeld 10, in dem - für Frauen - u.a. Diskussionen und Ausstellungen veranstaltet werden.

Im Verlauf der Straßenflucht erkennt man das Kirchenschiff von St. Marien. Am Ende der Heerstraße (früher Viktoriastraße), im Haus 205, befindet sich das nach dem 1980 ermordeten salvadorianischen Bischof benannte Studentenwohnheim **"Oscar-Romero-Haus"**, welches zur Zeit des Faschismus die Bonner **SS-Dienststelle** aufnahm. In Zellen im Keller dieses Gebäudes sind noch die Wandinschriften der dort eingekerkerten Verfolgten lesbar (vgl. Kasten "De Kuhl und die Rheinbrücke", S. 21). Ein weiterer Ort politischer Verfolgung war das Haus Kreuzbergweg 5 in Bonn-West, Baumschulviertel. Hier befand sich seit dem 1. April 1938 die Bonner Außenstelle der Geheimen Staatspolizei (Gestapo) Köln. Diese Außenstelle war für die Stadt Bonn sowie die Landkreise Bonn und Euskirchen zuständig. Im Keller waren Haftzellen und "Vorführräume", in denen gefoltert wurde. Im Flur (!) des heute als Arbeitsgericht genutzten Gebäudes befindet sich eine Gedenktafel für die Opfer der Gestapo.

Bevor es weiter geht, lohnt noch ein Blick in die Paulstraße. Im Haus Paulstraße 25-25a /27-27a befindet sich die einzige **Mehrwohnanlage** in Bonn. Der Bauträger, die Arbeiterwohnungsgenossenschaft, realisierte hier 1899 eine Wohnanlage mit integriertem Kleingewerbe.

Maxstraße oder Karl-Marx-Straße ?

Am Beispiel der Maxstraße läßt sich ein Stück politischer Gesinnungsgeschichte der Stadt nachvollziehen.Im Juli 1922 beschloß die Bonner Stadtverordnetenversammlung auf Antrag von SPD, Zentrum und Deutscher Demokratischer Partei die Umbenennung der Maxstraße in Karl-Marx-Straße, ein in der Öffentlichkeit heftig umstrittener Akt, der angesichts der bürgerlich strukturierten Stadt einer kleinen Sensation gleichkam. Im März 1933 war die Umbenennung durch den NS-Oberbürgermeister rückgängig gemacht worden. Im August 1949 beschloß der Stadtrat erneut die Umbenennung von Maxstraße in Karl-Marx-Straße. Schließlich war es im Dezember 1961 die Stimmenmehrheit der CDU, die die Karl-Marx-Straße wieder zur Maxstraße macht.Erst Jahre später wurde eine Erschließungsstraße zwischen Ollenhauerstraße und Polizeipräsidium nach Karl Marx benannt. Der einzige Anlieger, das zwischen Karl-Marx-Straße und Friedrich-Ebert-Allee gelegene Bundesministerium für wirtschaftliche Zusammenarbeit, änderte dann im Zuge der Umwälzungen in Osteuropa seine Anschrift: Die postalische Adresse lautet jetzt Friedrich-Ebert-Allee.

Michaelstraße
B 9
Am Johanneskreuz
Krkhs.
Heerstraße
8
Paulstraße
N.D.
Wilhelm-
platz
60.3
Peterstraße
Breite Straße
Wolfstraße
Univ.-
Klinik
Annagraben
Schützenstr
Dorotheenstraße
Alexander-
straße
56,1
58,79
Schule
58.3
Stiftsgass
Wilhelmstraße
Kasernenstraße
Maxstraße
56,1
Amts-
u.
Land-
gericht
58,71
Oxfordstraße
Weiherstraße
Kesselgasse
Stadthaus
58.0
Sterntorbrücke
55,9
59,28
Berliner Platz
Friedens-
platz
9
59.5
59,83
53,2
Sternstr.
Sonder-
schule

Weg

(8. Station zur 9. Station)

Der Weg führt entlang der Heerstraße, dann in die links abbiegende Wolfstraße. Am Ende der Wolfstraße geht es nach rechts ab in die Breite Straße.

Kurz vor dem Erreichen der Breite Straße zweigt die ***Peterstraße*** *links ab. Hier errichtete die Bonner Gemeinnützige Aktienbaugesellschaft ab 1862 die ersten zusammenhängenden Wohnhäuser in der gerade entstehenden Bonner Nordstadt. Die unmittelbare Nähe zur "Osterschen Gasanstalt", einem üblen Umweltverschmutzer, wirkte kostensenkend auf die Bodenpreise.*

Folgt man der Breite Straße stadteinwärts, so ragt oberhalb der Häusergiebel der Turm des 1975 erbauten Stadthauses heraus. Es blieb glücklicherweise das einzige von mehreren geplanten Großprojekten, denen in der Fläche die intakte Bausubstanz zum Opfer gefallen wäre. Am Ende der Breite Straße stößt man im spitzen Winkel auf die Maxstraße und fährt vor bis an die Ampelanlage Oxfordstraße. Linkerhand blickt man auf den Zellentrakt des Amts- und Landgerichtes.

Sehenswert ist der nach ca. 500m in westliche Richtung gelegene ***Alte Friedhof*** *an der Bornheimer Straße. Die 1715 für Soldaten und Auswärtige eingerichtete Begräbnisstätte hat heute musealen Charakter. Hier ruhen u.a. Clara und Robert Schumann, Ernst Moritz Arndt und Friedrich Christoph Dahlmann. Öffnungszeiten: täglich; 1.9. bis 28.2.: 8 bis 18 Uhr; 1.3. bis 31.8.: 7 bis 20 Uhr; Führungen nach Aushang.*

Nach der Überquerung der Oxfordstraße, einer nach 1945 geschlagenen Ost-West-Schneise, tritt man in das spätmittelalterliche Bonn über die Straße Sterntorbrücke.

Blickt man im Einmündungsbereich der Sterntorbrücke seitwärts, so ist rechts deutlich der Florentiusgraben und links der Annagraben erkennbar. Beide Straßenzüge sind in den namensgebenden Vertiefungen vor der ***Stadtbefestigungsanlage*** *entstanden.*

Am Ende der kurzen Sterntorbrücke öffnet sich der Friedensplatz.

9. Station: **Friedensplatz**

Am oberen Ende des Friedensplatzes - vor dem Beginn der Vivatsgasse - übersieht man die 1988/89 gestaltete Anlage, die ebenso wie Marktplatz und Münsterplatz auf einer bunkerfähigen Tiefgarage liegen.

Vis-à-vis stößt die Wilhelmstraße auf den unteren Teil des Platzes. In deren Verlauf, hinter der Kreuzung Oxfordstraße, befinden sich linkerhand **Amts- und Landgericht** mit angebautem Zellentrakt.

In den Räumen des Landgerichts führte das Oberlandesgericht Hamm den in Bonn größten Prozeß gegen eine lokale antifaschistische Bonner Widerstandsgruppe. Unter der Anklage der "Vorbereitung zum Hochverrat" wurden 1936 hier 74 Menschen abgeurteilt, der Hauptangeklagte zu 7 Jahren Zuchthaus. Heute erinnert eine Gedenktafel an der Gebäudefront an die Opfer des schweren Bombardements vom 18. Oktober 1944, nichts aber erinnert an die Opfer der Justiz. Zu dieser Zeit hieß der Friedensplatz Adolf-Hitler-Platz.

Im Bereich des Standortes beabsichtigte das Bonner Friedensplenum, der Zusammenschluß der in der Friedensbewegung engagierten lokalen Gruppen, das **Denk-Mal für die Unbekannten Deserteure** aufzustellen. Zeitpunkt der Errichtung sollte der traditionelle Antikriegstag, der 1. September 1989 sein, also am 50. Jahrestag des Beginns des 2. Weltkriegs und 75 Jahre nach Ausbruch des 1. Weltkriegs. Da der Stadtrat dem Projekt mit Mehrheit ablehnend gegenüber stand, kam es nicht zur Aufstellung der von dem kurdisch-berliner Bildhauer Mehmet Aksoy geschaffenen 10 Tonnen schweren Skulptur aus Carrara-Marmor. Am 1. September 1989 konnte hier nur die Enthüllung des Mahnmals vorgenommen werden - nach polizeilicher Auflage auf einem Tieflader. Heute steht das Denk-Mal auf dem Platz der Einheit in Potsdam.

Rechts eröffnet sich die Sternstraße, die bis 1898 nur durch das Sterntor zugänglich war. Aus verkehrstechnischen Gründen wurde das **Sterntor** abgerissen und in Teilen ca. 200 Meter weiter nach Süden in die Vivatsgasse versetzt. Der heute vor der Restauration Rheindorfer Hof stehende Mauerkomplex ist die phantasievolle Gestaltung eines mittelalterlichen Stadttores mit Stadtmauer. Die Lage des Sterntores ist noch vor Eintritt in die Sternstraße an der Pflasterung zu erkennen. Das Kopfsteinpflaster links und rechts davon gibt den Verlauf der mittelalterlichen Stadtmauer wieder.

Stadthaus mit Umgebung

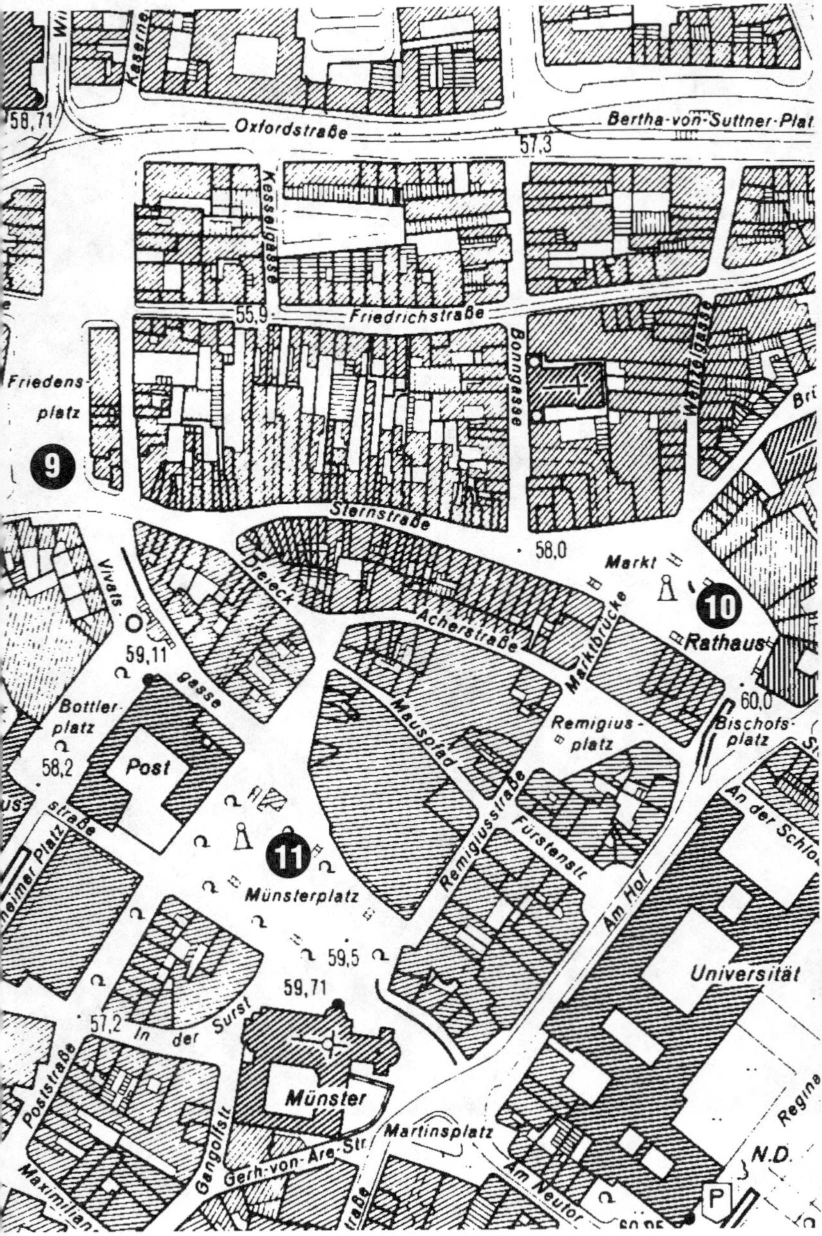
58,71
Oxfordstraße
Bertha-von-Suttner-Platz
57,3
Kasernenstraße
Kesselgasse
55,9
Friedrichstraße
Bonngasse
Wenzelgasse
Friedensplatz
9
Sternstraße
58,0
Markt
10
Rathaus
Vivatsgasse
Dreieck
Acherstraße
Marktbrücke
59,11
Bottlerplatz
58,2
Post
Mauspfad
Remigiusplatz
60,0
Bischofsplatz
An der Schloßkirche
Remigiusstraße
Fürstenstr.
11
Münsterplatz
Am Hof
Universität
59,5
59,71
57,2
In der Sürst
Poststraße
Münster
Gangolfstr.
Gerh.-von-Are-Str.
Martinsplatz
Am Neutor
N.D.
P

Weg

(9. Station zur 10. Station)

Der Weg verläuft entlang der Sternstraße bis zum Marktplatz. In der Fußgängerzone sollten Radfahrerinnen mit Rücksicht auf Passanten ihr Fahrrad schieben.

Im Verlauf der ***Sternstraße*** *erkennt man an einer Vielzahl von Häusern in Höhe des 1. Stockwerks Schilder, die über Baujahr und frühere Nutzung der Gebäude bzw. der Vorgängerbauten Aufschluß geben. Heute ist die Sternstraße eine reine Geschäftsstraße; Wohnnutzung und Gaststätten sind hier wie in der gesamten Fußgängerzone selten geworden.*
Kurz vor dem Marktplatz geht links die Bonngasse ab. Auf der rechten Seite befindet sich die 1686/98 erbaute ***Namen-Jesu-Kirche,*** *die bis zur Aufhebung der Bonner Niederlassung des Ordens 1774 dem Jesuitenkolleg zugehörig war. Nach diversen nichtkirchlichen Nutzungen diente sie von 1876 bis 1934 als Pfarrkirche der Altkatholischen Gemeinde. Heute wird das auch Jesuitenkirche genannte Gebäude als Universitäts- und Gymnasialkirche genutzt. In der Bonngasse 20 befindet sich das* ***Geburtshaus von Ludwig van Beethoven*** *(1770-1827), welches heute als Museum eingerichtet ist (Öffnungszeiten: im Sommer werktags 9 bis 13 Uhr, 15 bis 18 Uhr; sonn- und feiertags 9 bis 18 Uhr; im Winter werktags 9.30 bis 13 Uhr, 15 bis 17 Uhr; sonn- und feiertags 10 bis 13 Uhr). In der Verlängerung der Bonngasse schließt nach Kreuzung der Oxfordstraße die Kölnstraße an. Im Haus Kölnstraße 17-19 waren das Büro des* ***Allgemeinen Deutschen Gewerkschaftsbundes*** *(ADGB) und die Büros der Einzelgewerkschaften untergebracht. In der im gleichen Haus befindlichen Gaststätte "Phönixhalle" tagten die Organisationen der Arbeiterbewegung. In dem angeschlossenen Saal übte beispielsweise der Bonner Verein des Arbeiter-Rad- und Kraftfahrerbundes "Solidarität" das Kunstradfahren, und die Freie Kraftsport-Vereinigung "Siegfried" von 1910, Mitglied des Arbeiter-Athletenbundes Deutschlands. Am 2. Mai 1933 wurde, wie überall im Reich, auch dieses Gewerkschaftshaus von den NS-Schergen besetzt.*

Am Ende der Sternstraße erkennt man das Alte Rathaus, den Standort der 10. Station.

10. Station: **Marktplatz**

Im Osten wird der Marktplatz durch das 1737/38 nach Plänen von Michael Leveilly erbaute **Alte Rathaus** abgeschlossen. Ein Blick von der Freitreppe über den Platz lohnt sich - nicht nur, weil hier 1848 Gottfried Kinkel und Karl Schurz, 1949 Theodor Heuss, 1962 Charles de Gaulle, 1963 John F. Kennedy, 1989 Michail Gorbatschow und alljährlich das karnevalistische Prinzenpaar standen. Von hier aus wird noch einmal die Unproportionalität des Stadthauses besonders deutlich.

Mit dem Alten Rathaus verbindet sich auch eine in ihrer Form einmalige Begebenheit. Am 10. April 1973 besuchte der Staatspräsident von Süd-Vietnam, Nguyen Van Thieu, die Stadt Bonn. Nach den Gesprächen im Regierungsviertel machte Thieu den für Staatsoberhäupter obligatorischen Besuch im Alten Rathaus. Auf dem Marktplatz hatten sich einige hundert Menschen versammelt, um gegen den Krieg in Vietnam und die Militärregierung unter Thieu zu protestieren. Im Anschluß an die Kundgebung stürmten Demonstranten das Alte Rathaus, einige gelangten auf das Dach und hißten eine rote Fahne. Es war wohl das letzte Mal in der Stadtgeschichte, daß dort eine andere als die Bonner Fahne flatterte.

In der Mitte des Platzes befindet sich der Marktbrunnen, eher erkennbar als Obelisk aus Trachyt. Dieser **Obelisk** wurde 1777 zu Ehren des Kurfürsten Maximilian Friedrich von der Stadt errichtet und bezahlt.Unmittelbar daneben stellten französische Revolutionstruppen nach der Einnahme der Stadt 1794 den Freiheitsbaum auf.

Am Abend des 10. Mai 1933 wurden zwischen Obelisk und Rathaus nach den "Festreden" zweier Bonner Professoren die Werke von Berthold Brecht, Thomas und Heinrich Mann, Karl Marx, Siegmund Freud, Karl Zuckmeyer, Kurt Tucholsky, Heinrich Heine, Carl von Ossietzky und Erich Kästner, um nur einige zu nennen, verbrannt: **Bücherverbrennung** auf dem Marktplatz.

Zum Ende des zweiten Weltkrieges waren die meisten der den Marktplatz begrenzenden Gebäude zerstört. Eines der wenigen erhaltenen Häuser war das auf der rechten Seite erkennbare "Metropol", der erste Bonner Tonfilm-Palast mit großem Kuppelsaal und Bestuhlung für 1400 Personen. Das Gebäude entstand 1929 an der Stelle eines der ersten Kinos der Stadt, in dem zur Zeit der französischen Besatzung des

Blick von der Rathaustreppe mit Stadthaus im Hintergrund

Rheinlandes (1918-1926) u.a. Varieté-Vorstellungen für Soldaten stattfanden. Nach dem Verkauf des "**Metropol**" an den Versicherungskonzern WWK erlaubte die Stadt den Umbau des Hauses. In dessen Verlauf wurden Teile der Bühne und die denkmalgeschützte Kuppel aus bautechnischen Gründen niedergelegt.

Heute gehört der Marktplatz den Marktständen. Die großenteils aus dem Vorgebirge stammenden Anbieter sind täglich nach dem Einkauf in der Großmarkthalle bis zum Geschäftsschluß vertreten.

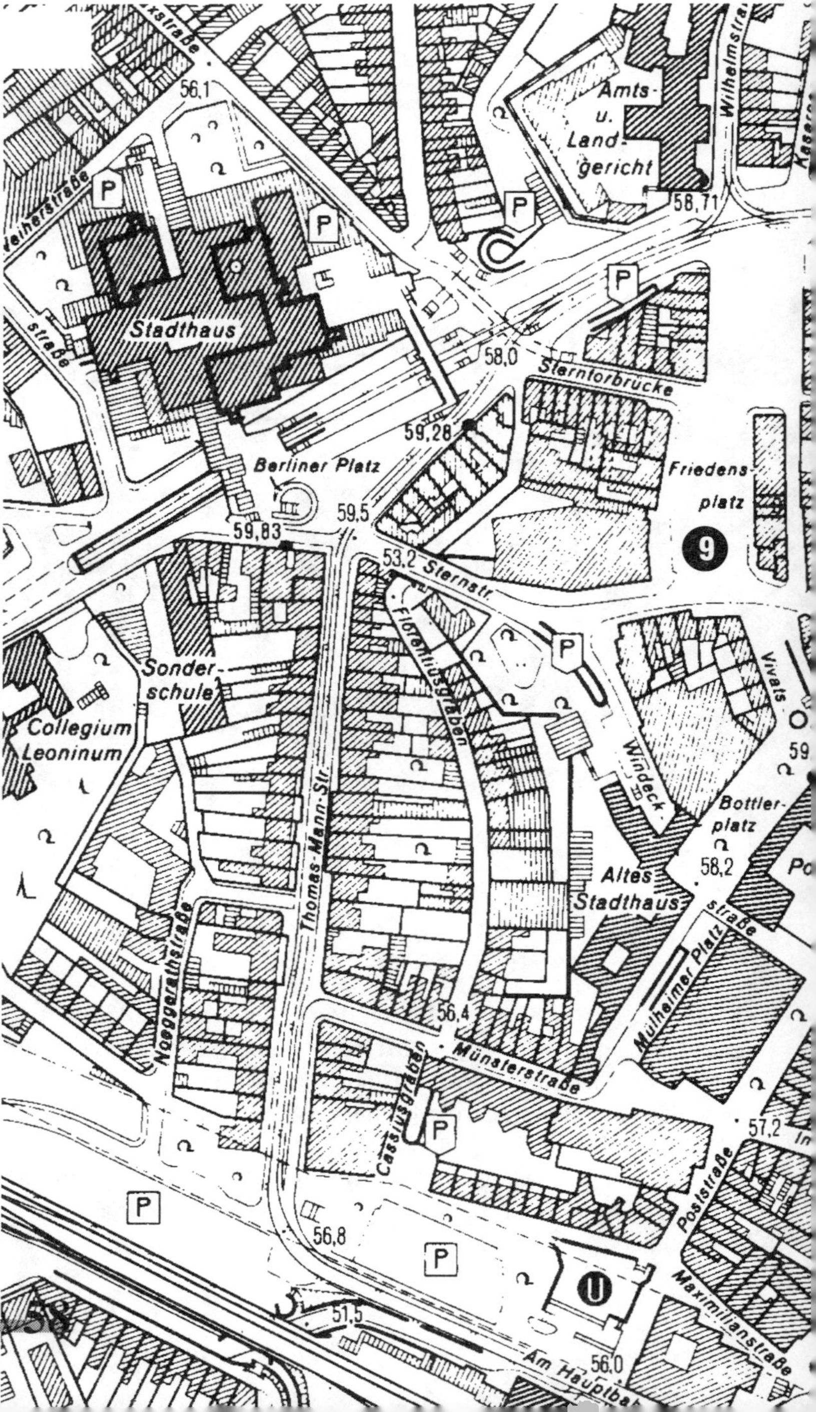

Amts-
u.
Land-
gericht
Wilhelmstr.
Weiherstraße
straße
Stadthaus
56,1
58,71
58,0
Sterntorbrücke
59,28
Berliner Platz
Friedens-
platz
9
59,5
59,83
53,2
Sternstr.
Florentiusgraben
Sonder-
schule
Collegium
Leoninum
Thomas-Mann-Str.
Windeck
Bottler-
platz
58,2
59
Altes
Stadthaus
straße
Mülheimer Platz
Noeggerathstraße
56,4
Münsterstraße
Cassiusgraben
57,2
Poststraße
56,8
51,5
56,0
Maximilianstraße

Weg

(10. Station zur 11. Station)

Der Weg führt vom Rathaus aus gesehen nach links in die Remigiusstraße. Die Remigiusstraße kreuzt den heute als Blumenmarkt genutzten Remigiusplatz (früher: Römerplatz).

Auf diesem Platz stand die 795 erstmals erwähnte ***Remigiuskirche****. Sie wurde nach der Säkularisation 1803 abgebrochen. Ihre Pfarrechte gingen auf die Klosterkirche der seit 1274 in Bonn ansässigen Minoriten in der Brüdergasse (Minoritenkirche) über, deren Kloster aufgelöst war.*

Im Verlauf der Remigiusstraße kreuzt man dann Mauspfad und Fürstenstraße. Linkerhand ergibt sich ein Blick auf das Hauptportal des Stadtschlosses, der heutigen Universität. Man folgt der Remigiusstraße und erreicht das östliche Ende des Münsterplatzes.

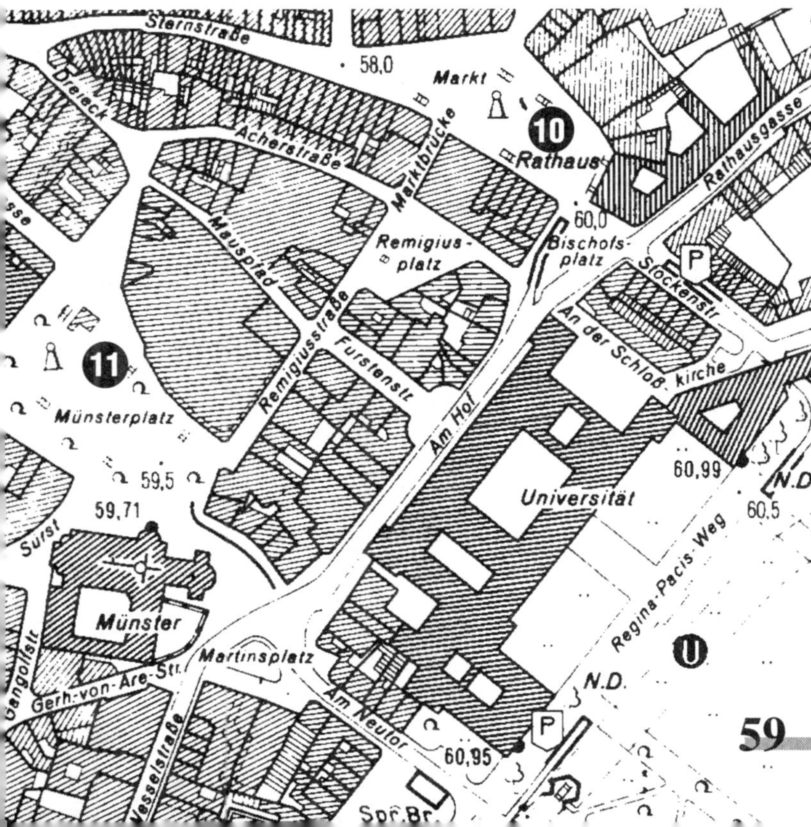

11. Station: **Münsterplatz**

An herausgehobener Stelle befindet sich das **Beethovendenkmal.** Dieses Bronzestandbild des Dresdener Bildhauers Ernst Hähnel wurde 1845 aus Anlaß des 75. Geburtstages Beethovens eingeweiht. Im Rücken des Meisters wohnten Preußenkönig Friedrich Wilhelm IV. und Königin Viktoria von England auf dem Balkon des Palais Radermacher, der heutigen Hauptpost, der Enthüllung bei.

Den Komponisten selbst im Rücken, hat man einen guten Blick über den gesamten Platz. Der Raum zwischen Münster und Marktplatz ist das Zentrum des mittelalterlichen Bonn. Die um das Münster gelegene Siedlung wurde 804 erstmalig als **"villa Basilica"** urkundlich erwähnt. Seit 795 ist eine Niederlassung von Händlern mit der Bezeichnung **"vicus Bonnensis"** im Bereich des Marktplatzes verbürgt.

Auf dem "Großer Hof" genannten Münsterplatz wurde zu Gericht gesessen. Daran erinnert die vor dem Hauptportal des Münsters stehende Schandsäule, der Pranger, an den Verurteilte mittels eines Halseisens angeschlossen wurden.

Das den Platz dominierende **Münster** verdankt seine Entstehung an dieser Stelle einer über dem Grab der römischen Soldaten und christlichen Märtyrer Cassius und Florentius um 400 erbauten Kapelle. 691 wurde hier erstmalig eine Stiftskirche erwähnt. Zwischen 1060 und 1230 entstand in mehreren Bauphasen das Münster in seiner heutigen Gestalt. Die Münsterkirche galt als das nach dem Kölner Dom wichtigste Gotteshaus im Erzbistum. Auch Könige wurden hier gekrönt, namentlich Friedrich der Schöne (1314) und Karl IV. (1346). Lohnenswert ist sowohl die Besichtigung des Münsters als auch des daran anschließenden Kreuzganges, der, unter Probst Gerhard von Are um 1160 erbaut, heute eine Oase der Ruhe inmitten der Stadt ist.

Der Münsterplatz ist auch Dokument jüdischer Geschichte (vgl. Kasten **"Jüdische Geschichte in Bonn"**, S. 62). Zur linken Hand Beethovens befand sich das Geschäftshaus der Leonhard Tietz AG. Im Zuge der sogenannten Arisierung, also der Verdrängung von Eigentümern jüdischen Glaubens aus ihren Unternehmen, mußten Tietz und andere Juden im Juli 1933 aus dem Vorstand der Leonhard Tietz AG ausscheiden. Das danach in Westdeutsche Kaufhof AG umbenannte Unternehmen hat seinen Sitz in Köln und unterhält im Eingangsportal einen Gedenkstein an den Firmengründer. Vis-à-vis von Beethoven stand das Bekleidungshaus der Gebrüder Cahn, welches im März 1933 von den "arischen" Gebrüdern Leffers übernommen wurde. Die nicht "arisierten" Geschäfte wurden im Zuge der Reichspogromnacht zerstört, so das Modehaus Seligmann, Münsterplatz 22 (heute Münster-Apotheke) und das Wäschehaus Lindemann, Münsterplatz 2. Diese Geschäfte gehörten zu den insgesamt 27 der am 9./10. November 1938 allein in der Bonner Innenstadt geplünderten und zerstörten Geschäften jüdischer Inhaber.

Heute hat der Münsterplatz vielfältige Funktion, beispielsweise als Festplatz, Ausstellungsfläche oder als Demonstrationsort, so Anfang 1991 alltäglich als Ausgangspunkt für die Demonstrationen gegen den Golfkrieg.

Kreuzgang des Münsters

Jüdische Geschichte in Bonn

In Köln ist seit 321 n.u.Z. eine jüdische Gemeinde nachgewiesen, in Bonn leb(t)en Juden ab 1180. Für die jahrhundertelang unterdrückten Juden brachte der Einmarsch der französischen Revolutionstruppen 1794 eine erste Liberalisierung der Lebens- und Arbeitsbedingungen: Die Ghettos wurden aufgehoben, politische und wirtschaftliche Beschränkungen beseitigt. Mit der Einführung der napoleonischen Konsistorialverfassung von 1808 wurde die wirtschaftliche Handlungsfreiheit erneut begrenzt, wurden die Synagogengemeinden der staatlichen Aufsicht unterworfen. Erst der Preußische Provinziallandtag beschloß 1847 die Aufhebung der Wirtschaftsschranken, und 1849 wurde den Juden die vollen Staatsbürgerrechte gewährt.

Die Phase relativer Gleichberechtigung endete mit dem Beginn der NS-Herrschaft im Januar 1933. Auf Geschäftsboykotte, Berufsverbote und Diskriminierungen folgten Pogrome.

Die Bonner Synagoge (s. 1. Station) wurde wie die Synagogen in Poppelsdorf (Jagdweg/Ecke Bennauerstraße; s. Weg 13. Station zur 14. Station), Godesberg (Oststraße), Mehlem (Meckenheimer Straße 39 A) und Beuel (Wilhelmstraße) am Vormittag des 10. November 1938 im Zuge der Reichspogromnacht von SA- und SS-Schergen in Zivil zerstört und in Brand gesetzt. Zerstört wurde auch das Bonner Gemeindehaus sowie der Betsaal der sog. Ostjuden in der Rheindorfer (heute: Graurheindorfer) Straße 15 in der Nordstadt, zerstört wurden Geschäfte, Wohnungen und Friedhöfe.

Ab Oktober 1941 organisierte die SS systematische Deportationen in die Ghettos und Vernichtungslager in Polen. Die noch in Bonn und Umgebung lebenden Juden wurden ab Juni 1941 in das - geräumte - Benediktinnerinnenkloster "Zur Ewigen Anbetung" in Endenich, Kapellenstraße, gebracht. Insgesamt 474 Menschen führte die Deportation in die Lager im Osten, allein zwölf überlebten.

Münsterplatz, Schloß und Hofgarten im Hintergrund
sowie das Alte Stadthaus, die heutige Stadtbibliothek im Vordergrund

Beethoven vor Kaiserlichem Postamt

(11. Station zur 12. Station)

Der Weg führt in südliche Richtung zum Martinsplatz, dann weiter in die Straße Am Neutor.

Im Zentrum des ***Martinsplatzes*** *fällt ein durch rotes Pflaster markierter Grundriß auf. Hier stand bis zum Abbruch 1912 der um 1140 errichtete Zentralbau der Pfarrkirche von St. Martin.*

Nach kurzem Verlauf der Straße Am Neutor öffnet sich nach rechts der Kaiserplatz.

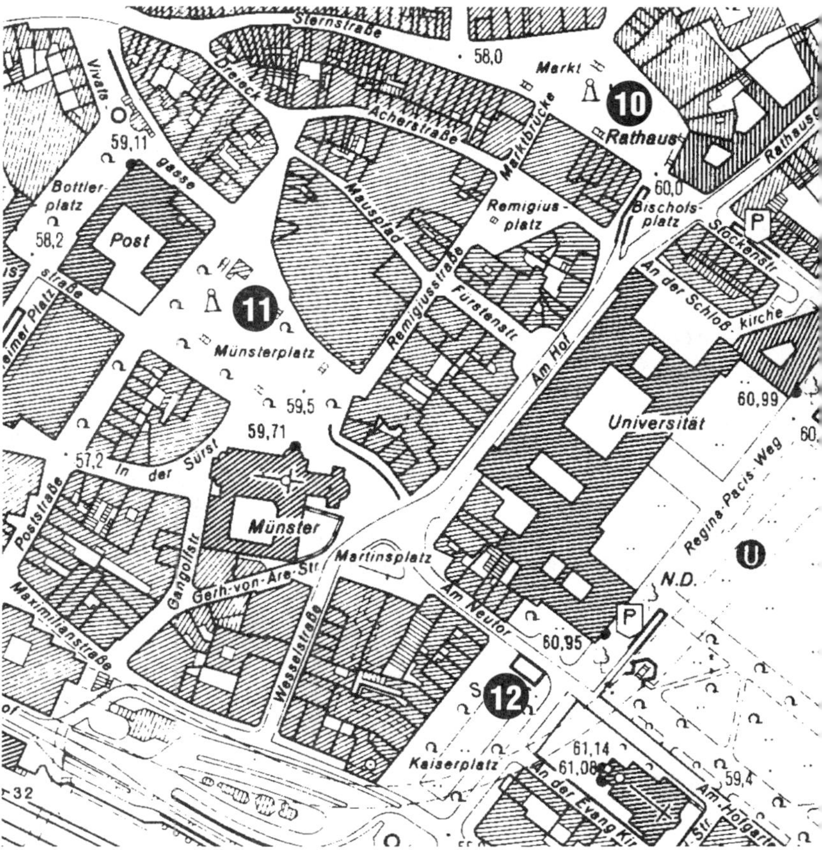

12. Station: **Kaiserplatz**

Von der Brunnenanlage am östlichen Ende des Platzes erstreckt sich der Blick über die die Stadt in Nord-Süd-Richtung durchtrennende Bahnlinie auf die Poppelsdorfer Allee. Diese um 1750 angelegte, "barocke Achse" genannte Verbindung zwischen Stadtschloß und Lustschloß Clemensruh, dem **Poppelsdorfer Schloß**, war ursprünglich als Kanal geplant. Die Realisierung scheiterte an den Kosten.

Auf dem im Hintergrund erkennbaren bewaldeten **Kreuzberg** befand sich seit dem 15. Jahrhundert die namensgebende Wallfahrtsstätte zur Verehrung des Heiligen Kreuzes. Der Kapellenbau stammt von 1627/28. Kurfürst Clemens August ließ die Kirche von 1746 bis 1757 um die Heilige Stiege erweitern; der Planungsentwurf wird Balthasar Neumann zugeschrieben. Das an die Kirche angegliederte Kloster wurde nacheinander von Serviten, Jesuiten und - bis 1969 - von Franziskanern genutzt.

In südlicher Richtung, am Rande des Kaiserplatzes, steht die **Kreuzkirche**. Die evangelische Hauptkirche der Stadt wurde 1866/71 errichtet, 1944 kriegszerstört und 1954 wiederaufgebaut.

Am westlichen Ende des Kaiserplatzes, ungefähr dort, wo der Zentrale Omnibusbahnhof, kurz: ZOB, beginnt, stand das Traditionslokal **"Kaiserhalle"**. Der 1875 eröffnete Treffpunkt mit Biergarten unter Kastanien wurde von Verbindungsstudenten und gehobenem Bürgertum besucht. An der Stelle der 1944 zerstörten Restauration entstand 1955 ein Profanbau im Stil der Zeit. Im Zuge der Bauarbeiten für die U-Bahn wurde die Kaiserhalle 1970 trotz breiter Proteste abgerissen.

An der südwestlichen Ecke des Kaiserplatzes steht das Hotel Residence, davor, und mit Blick auf den ZOB, der Kaiser; es ist Kaiser Wilhelm I. Das Original des Namenspatrons des Platzes war 1906 an der östlichen Stirnseite aufgestellt worden.

Die Poppelsdorfer Allee mit Blick in Richtung Kaiserplatz

Weg

(12. Station zur 13. Station)

Vom Kaiserplatz führt der Weg in Richtung Poppelsdorfer Schloß. Dazu muß die Unterführung der Bundesbahn passiert werden.

*Die **Eisenbahn** ist seit 1844, dem Eröffnungsjahr der Linie Köln-Bonn, ein Steckenpferd der Stadtplaner. Als Kaiser Wilhelm I. einmal Bonn besuchte, so eine Anekdote, befand er kurz und knapp: "Muß weg". Seit der Jahrhundertwende bricht immer wieder die Diskussion um die Tieferlegung der Trasse auf. In den 70er Jahren plante die Stadt gar eine*

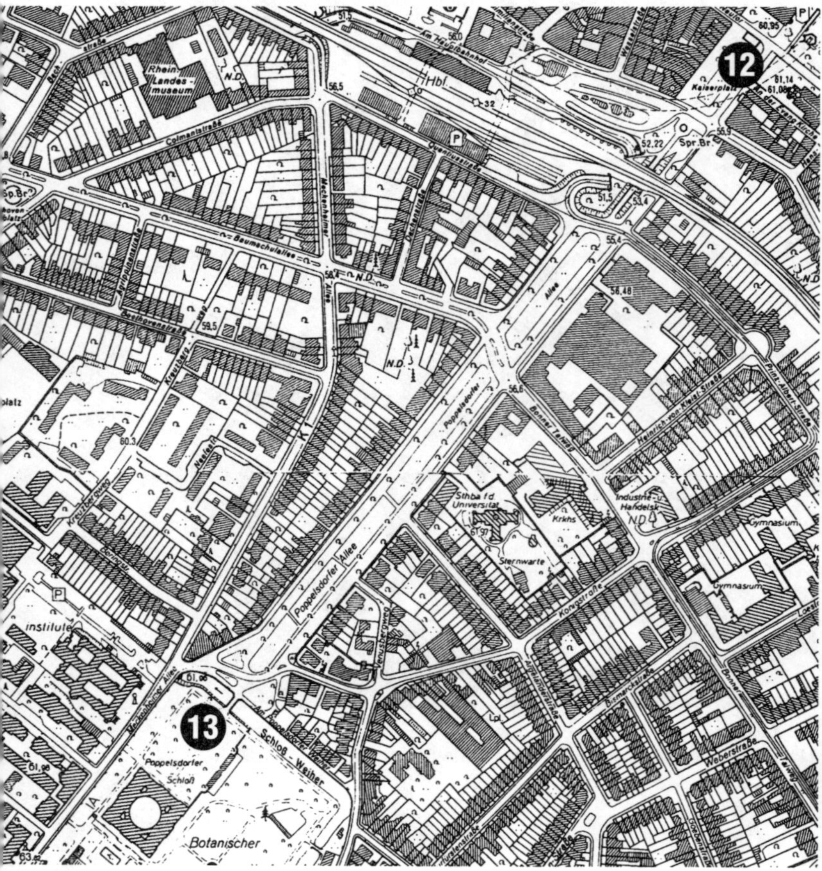

Einfallstraße über oder neben den Gleiskörper zu legen - ein Plan, der in weiten Teilen als "bahnparallele Straße" realisiert wurde.
*Das heutige Bahnhofsgebäude wurde 1884/85 erbaut. Um den Reisenden der damaligen Zeit Ferne und Vielfalt der Orte an der Strecke vor Augen zu halten, wurde die Vorderfront des "**Bonn. Hauptbahnhof**" durch Stadtnamen geschmückt: Mainz - Bingen - Bacherach - Boppart - Coblenz - Neuwied - Andernach - Sinzig - Remagen - Königswinter - Bonn - Brühl - Köln.*

Der Weg verläuft entlang der 1987/91 umgestalteten Poppelsdorfer Allee. Auf deren Wiese, zwischen den Kastanien, durften früher die Professoren der Bonner Universität - so eines der Privilegien - ihre Ziegen weiden lassen.

*An der Stelle des Hotel Bristol stand das 1909 erbaute Gesellschaftshaus des "Bonner Bürgervereins zur gesellschaftlichen Erholung". Der Abriß 1969 durch den neuen Eigentümer, die Versicherungsgesellschaft Deutscher Herold, war von massiven Protesten begleitet. Der wuchtige Hotelbau stammt von 1972. Der Konzern hatte den Großteil des Häuserblocks Poppelsdorfer Allee/Prinz-Albert-Straße/Heinrich-von-Kleist-Straße/Bonner Talweg aufgekauft und plante **Neubauten** zur Büronutzung. Von den Bauplänen blieb an der Poppelsdorfer Allee nur eine klassizistische Villa verschont. Nach dem Umzug des Konzerns von Berlin nach Bonn 1947 entstand an der Ecke zum Bonner Talweg schon 1949/50 ein Verwaltungsbau, der Assoziationen zu faschistischen Monumentalbauten wie dem Reichsluftfahrtministerium in Berlin nahelegt.*
*Unter der Anschrift Poppelsdorfer Allee 47 ist die **Sternwarte** der Universität zu erreichen. Die Sternwarte (erbaut 1839/46) liegt hinter der Beton-Konstruktion des Staatshochbauamtes. Erster Direktor des Hauses war der Astronom Friedrich Argelander (1799-1875), der die "Bonner Durchmusterung" herausgab. In den Jahren von 1852 bis 1859 erstellte Argelander einen Katalog mit fast 325.000 Sternen des nördlichen Himmels, die auf 40 Karten verzeichnet sind.*

Am Ende der Poppelsdorfer Allee überquert man eine Brücke und betritt den Garten des Poppelsdorfer Schlosses.

13. Station: **Poppelsdorfer Schloß**

Auf der kleinen Brücke, die **Poppelsdorfer Allee** und Stadtschloß über den Weiher verbindet, lohnt sich ein Blick stadteinwärts. Die metallene Fläche, die hinter dem Stadtschloß auftaucht, ist die Aluminiumfassade der Oper der Stadt Bonn (s. 14. Station).

Seit dem Mittelalter stand an der Stelle des Poppelsdorfer Schlosses die von einem Wassergraben umgebene Burganlage der Kölner Erzbischöfe. Diese Burg wurde nach Kriegszerstörungen 1657 niedergelegt.

Im Auftrag von Kurfürst Josef Clemens entwarf der Pariser Hofarchitekt Robert de Cotte unter Mithilfe des heimischen Baumeisters Guillaume Hauberat die Pläne für ein Lustschloß. Eine erste Bauphase datiert zwischen 1715 und 1723. Nach dem Tod Josef Clemens wurde das Schloß unter dessen Nachfolger Clemens August zwischen 1730 und 1754 fertiggestellt; die Bauleitung hatte Balthasar Neumann.

Das Schloß Clemensruh, wie sein eigentlicher Name lautet, gilt als geglückte Verbindung des italienischen Motivs eines Rundhofes mit der Vierflügelanlage französischer Schlösser. Die stark kriegszerstörte Anlage wurde zwar plangerecht, aber mit veränderter Dachstruktur wiederaufgebaut.

Seit Gründung der Universität 1818 befinden sich Schloß und ehemaliger kurfürstlicher Park in deren Nutzung. Im Schloß sind die Institute der Zoologie und Mineralogie sowie das Mineralogisch-Petrologische Museum untergebracht. Der Park wurde 1819 im englischen Landschaftsstil neu gestaltet und dient nun als **Botanischer Garten.** Auf der Fläche von 6,5 Hektar lassen sich 8.000 Pflanzenarten finden.

Öffnungszeiten des Botanischen Gartens (Eingang von der Meckenheimer Allee): 1.04. bis 31.09.: Mo.-Fr. 8 bis 19 Uhr, Sa., So. 8 bis 13 Uhr, 1.10. bis 31.3.: Mo.-Fr. 8 bis 16.30 Uhr, Sa. 8 bis 12 Uhr.

In unmittelbarer Nachbarschaft des Poppelsdorfer Schlosses ist das **Institutsviertel** der Universität gelegen. Von der Nordseite des Schlosses führt rechtwinklig die Nußallee in Richtung Endenicher Straße. Zu kurfürstlicher Zeit war daran gedacht, die Allee bis zum ebenfalls kurfürstlichen Schloß Augustusburg im 20 km entfernten Brühl auszubauen. An der Nußallee sind seit den 80er Jahren des 19. Jahrhunderts überwiegend naturwissenschaftliche Institute der Universität angesie-

Poppelsdorfer Schloß: Südfront und Botanischer Garten

delt. An der Ecke Meckenheimer Allee/Nußallee steht ein 1888/90 im Stil des florentinischen Palazzo erbautes Vorlesungsgebäude. In seiner Nachbarschaft in Richtung Poppelsdorf befindet sich die Landwirtschaftliche Akademie. Das Direktionsgebäude wurde 1850 im klassizistischen Landhausstil erbaut. Direkt gegenüber des Schloßgartens, östlich der Nußallee, steht die Alte Chemie (erbaut 1864/67) mit der Statue des Chemikers und Bonner Professors Friedrich August Kekulé von Stradonitz (1829-1896), Entdecker der Vierwertigkeit des Kohlenstoffs und der Ringstruktur des Benzols.

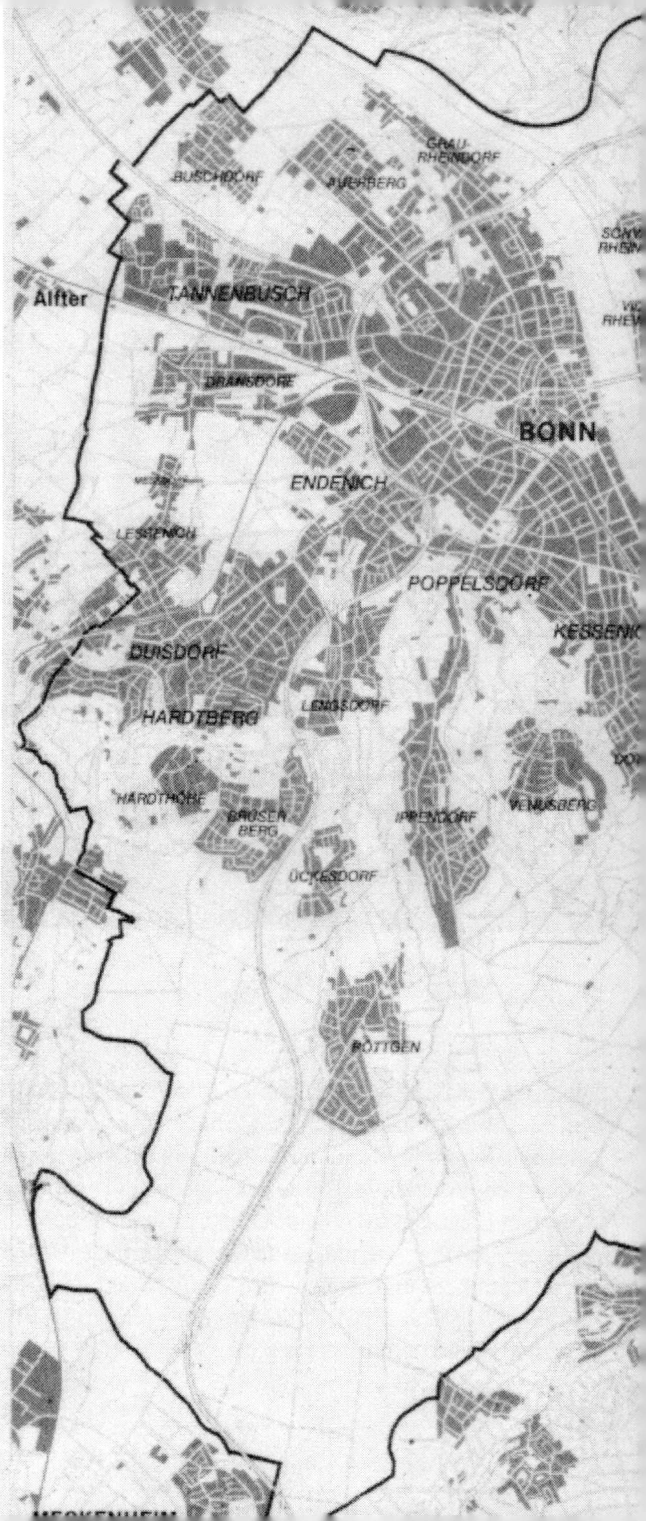
GRAU-RHEINDORF
BUSCHDORF
Alfter
TANNENBUSCH
DRANSDORF
BONN
ENDENICH
POPPELSDORF
DUISDORF
HARDTBERG
LENGSDORF
HARDTHÖHE
BRÜSER BERG
IPPENDORF
VENUSBERG
ÜCKESDORF
RÖTTGEN

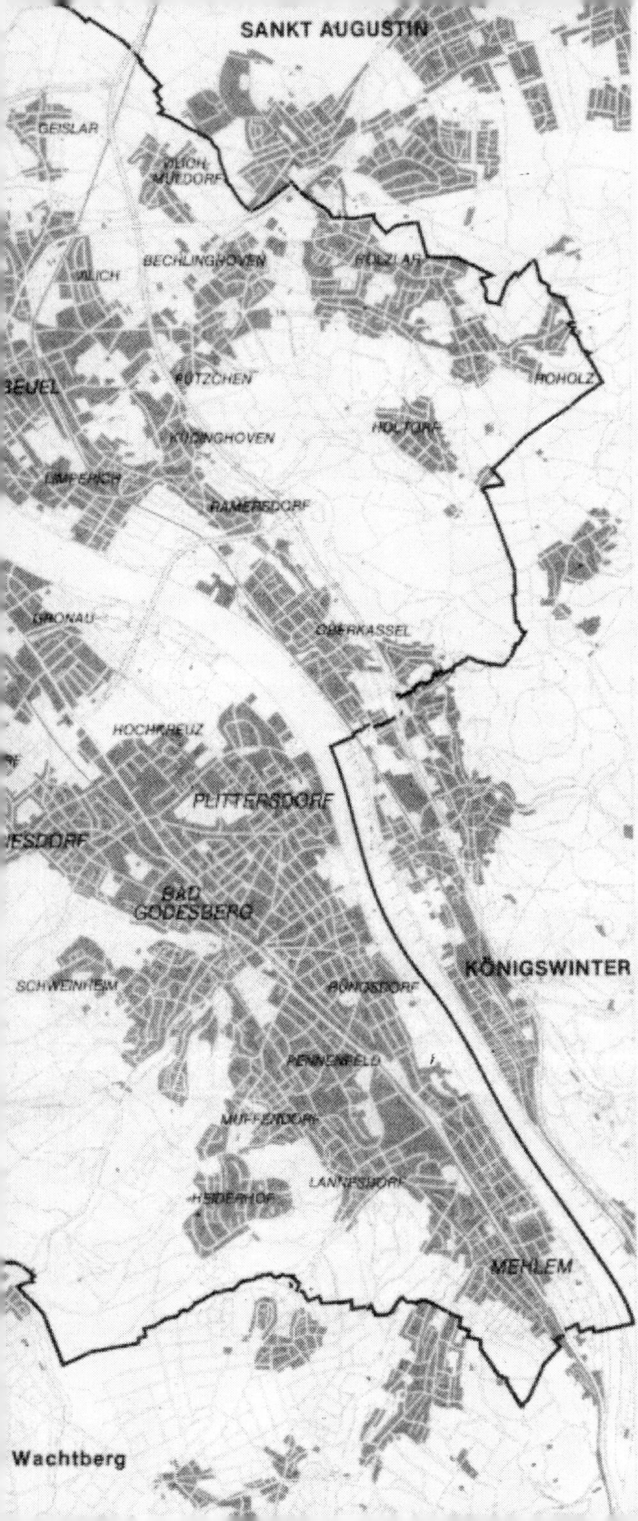

SANKT AUGUSTIN
GEISLAR
VILICH-MÜLDORF
BECHLINGHOVEN
HOLZLAR
VILICH
BEUEL
PÜTZCHEN
HOHOLZ
HOLTORF
KÜDINGHOVEN
LIMPERICH
RAMERSDORF
GRONAU
OBERKASSEL
HOCHKREUZ
PLITTERSDORF
BAD GODESBERG
SCHWEINHEIM
RÜNGSDORF
KÖNIGSWINTER
PENNENFELD
MUFFENDORF
LANNESDORF
HEIDERHOF
MEHLEM
Wachtberg

Weg

(13. Station zur 14. Station)

Der Weg führt zurück zum Weiher, der Poppelsdorfer Weiher genannt wird, überquert die Brücke und folgt demselben nach rechts. Man stößt auf den Venusbergweg, biegt hier nach rechts, um nach ca. 50m links die Schloßstraße zu erreichen. Die Schloßstraße wird in ihrem Verlauf von der Kurfürstenstraße gekreuzt.

Die Kurfürstenstraße wird vom Jagdweg verlängert. Im Jagdweg wird rechterhand die Gaststätte Hoppegarten sichtbar. Der Hoppegarten hat seinen Namen aus der ursprünglichen Nutzung des 1903 errichteten Gebäudes. Es handelt sich um den einstigen Pferdestall des Fabrikanten Friedrich Soennecken, Besitzer der gleichnamigen Schreibwaren- und Schreibmöbelfabrik. Die Fabrikanten-Villa (erbaut 1890) steht in unmittelbarer Nähe der Remise an der Ecke Reuterstraße/Kirschallee und wird heute von der Universität genutzt.
Gleiches gilt für das letzte verbliebene, 1911/13 erbaute Lagerhaus der

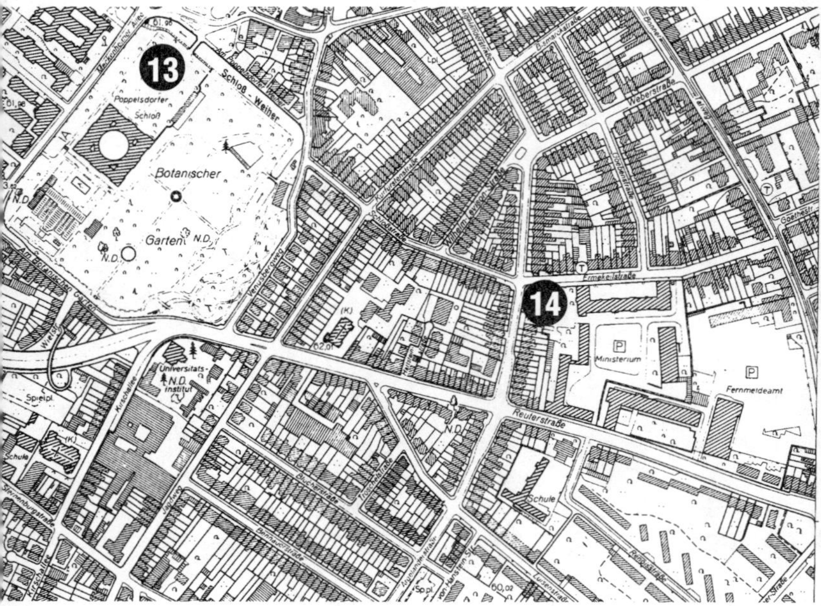

Soennecken-Fabrik, welches hinter dem Hoppegarten liegt. Zur Zeit des Faschismus waren auch in der ***Soennecken-Fabrik*** *Zwangsar beiterinnen beschäftigt, die in Gaststätten in der Sternenburgstraße und der Clemens-August-Straße untergebracht wurden. An die Zwangsarbeiter und Kriegsgefangenen in der Stadt erinnern nur einige Gräber und der Gedenkstein für die sowjetischen Zwangsarbeiter auf dem Friedhof in der Duisdorfer Bahnhofstraße. Hier sind über 150 Bürger der UdSSR, Polens, Jugoslawiens und Italiens begraben.*
Gegenüber der Einfahrt zum Fabrikgelände lag seit 1901/02 die im historistisch-maurischen Stil erbaute ***Poppelsdorfer Synagoge*** *(vgl. Kasten "Jüdische Geschichte in Bonn", S. 62). An deren Zerstörung 1938 erinnert ein Gedenkstein.*

Der Weg folgt der Schloßstraße bis zu deren Ende. Im Kreuzungsbereich an der Argelanderstraße ist die 12. Station.

Der ehemalige Pferdestall des Fabrikanten Soennecken

14. Station: **Südstadt: Argelander-/ Ecke Ermekeilstraße**

Beim Verlassen der von Kastanien besäumten Schloßstraße fällt der Blick auf ein Eckhaus im norddeutschen Backsteinstil. Es ist das 1903/04 erbaute Stabsgebäude der Infanterie-Kaserne. Die Mannschaften waren in dem weiter südlich gelegenen Komplex untergebracht. Dieser Teil der **Ermekeilkaserne** entstand 1880/83. Die Kasernen dienten dem Bundesministerium der Verteidigung bis 1988 als Verwaltungsgebäude. Heute bemüht sich eine Bürgerinitiative um eine zivile Nutzung. Neben einem Bürgerzentrum im ehemaligen Stabsgebäude sollen Wohnungen, Büros für Stadtteilgruppen und eine Kindertagesstätte entstehen.

Die **Südstadt** ist das soziale Gegenstück zur Nordstadt (s. 8. Station). Während in den Mehrfamilienhäusern der Nordstadt Tiere zur Selbstversorgung gehalten wurden, wohnte in den meist von einer Familie genutzten Häusern der Südstadt das Dienstpersonal im Mansardenzimmer. Die Hausbesitzer kamen aus den gehobenen Kreisen der Stadt oder waren wohlhabende Rentner aus Köln und dem Ruhrgebiet, die sich ihren Altersruhesitz bauen ließen oder eine Kapitalanlage suchten. Baugeschichtlich stammt die Südstadt wie die Nordstadt aus den Jahren 1860 bis 1914.

Vor der **Stadterweiterung** nach Süden und Westen waren hier Äcker, Wiesen und Gärten, die die Stadt Bonn von den Dörfern Poppelsdorf und Kessenich trennten.

1853 erließ die königlich-preußische Regierung eine Anordnung, wonach künftig Bebauungspläne für Neubauviertel zu erstellen seien. Da die Stadt Bonn einem weiteren Bevölkerungszuwachs entgegen sah, stellte sie zwei Jahre später erstmals einen hauptamtlichen Stadtbaumeister ein. Der neue Amtsträger, Paul Richard Thomann aus Berlin, entwickelte 1855/56 den "Entwurf zu einem südlich von Bonn neu anzulegenden Stadttheile". Thomanns Plan, der repräsentative Staßenfluchten und Plätze vorsah, wurde nie verwirklicht. Auch zu dieser Zeit entwickelten die Interessen von Grundeignern und Bauherren ihre Eigendynamik.

Ein regelrechter Schub für die Bebauung des Viertels kam in den 90er Jahren. Ganze Straßenzüge entstanden am Stück, oft zu großen Teilen von einem einzigen Architekten entworfen. Der Grundriß der Häuser

war identisch, allein die Ornamentik konnte im Katalog individuell ausgewählt werden. Gute Beispiele für diese Verfahren sind die Goeben- und die Wilhelm-Levison-Straße (früher: Roonstraße).
Seit den 1970er Jahren macht sich ein **Strukturwandel** bemerkbar. Galt das Viertel lange Zeit eher als abriß- denn als sanierungswürdig, so hat die Südstadt mittlerweile bedrohliche Attraktivität gewonnen. Seit dem es wieder "schick" und bequem ist, im luxussanierten Altbau mit stadtzentraler Lage zu wohnen, verkommen Häuser zu Spekulationsobjekten. Das Interesse von Dienstleistern aller Art, sich im Viertel repräsentativ niederzulassen, trägt nicht unerheblich zur Verknappung von Wohn- und Geschäftsraum und zur Preissteigerung bei. Die nach

Südstadt mit Roonplatz

oben offene Mietpreisskala ist der finanzielle, der Wandel der Geschäftswelt der augenscheinliche Beweis.
Für Freunde der Architektur lohnt noch ein Abstecher in die **Reutersiedlung**. Man geht die Argelanderstraße stadtauswärts bis zur Reuterstraße, überquert diese Hauptverkehrsstraße und folgt ihrem Verlauf

Ermekeil-Kaserne

nach links. Die erste Straße rechts ist die Renoisstraße. Sie führt in dieWohnanlage, in deren Mitte ein Hochbau steht. Hier waren früher Geschäfte für die Bewohner des Viertels, gegenüber des Hauses die Tankstelle. Hinter dem Hochbau wird bis heute eine Wäscherei betrieben. Die 1949/50 erbaute Siedlung wurde von dem Architekten Max Taut entworfen. Neben Architektur und Gartenanlage sind die Straßennamen bemerkenswert: Renoisstraße, Heinrich-Körner-Straße und Graf-Galen-Straße. Sie erinnern an Antifaschisten. Der Schreiner Otto Renois (* 1882) war Stadtverordneter der KPD in Bonn und wurde am 4. April 1933 auf der Poppelsdorfer Allee von der faschistischen SA erschossen. Heinrich Körner (* 1892), Kartellsekretär der Christlichen Gewerkschaft in Bonn, stand mit Widerstandsgruppen in Kontakt; er wurde noch nach der Befreiung aus der Hinrichtungsstätte Berlin-Plötzensee 1945 in einem Hinterhalt von der SS ermordet. Clemens August Graf von Galen (1878-1946) war Bischof in Münster und versuchte, mäßigend auf das NS-Regime einzuwirken.

Wilhelm-Levison-Straße

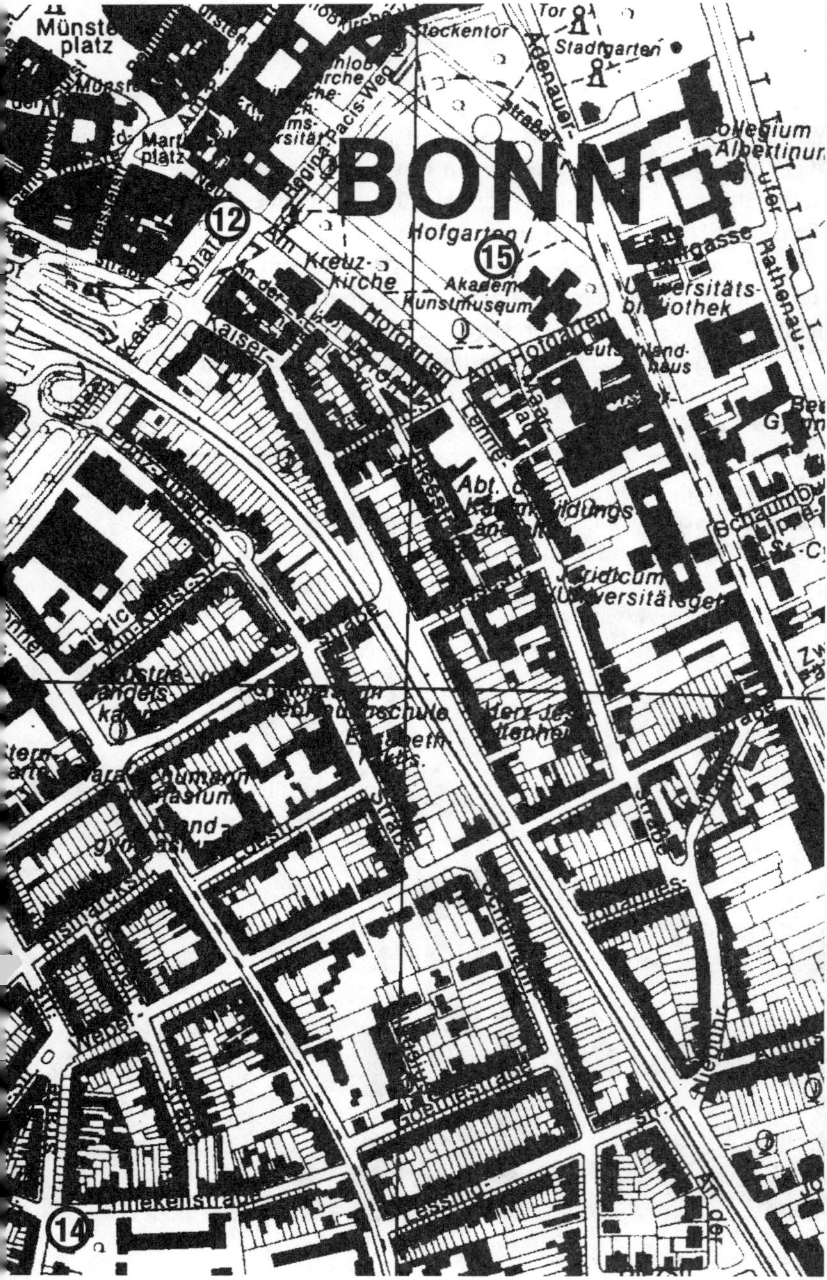
BONN
Münster
platz
Stockentor
Stadtgarten
Hofgarten
Kreuz-
kirche
Kunstmuseum
bibliothek
Kaiser-
Rathenau-
Juridicum
12
14
15

Weg
(14. Station zur 15. Station)

Der Weg führt entlang der Argelanderstraße stadteinwärts, passiert den Roonplatz und tritt ein in den bebaumten Teil der Argelanderstraße.

Vom Roonplatz aus überblickt man die Straßenflucht der Weberstraße, die - verlängert durch die Zweite Fährgasse - hinter dem Ernst-Moritz Arndt-Haus (s. Weg 16. Station zur 17. Station) an den Rhein stößt. An der Straßenflucht lassen sich die topographischen Gegebenheiten in diesem Teil der Stadt nachvollziehen: Die Weberstraße führt in die alte Stromrinne des Rheines, die ***Gumme,*** *in der hier die Bahntrasse verläuft. Dahinter, zwischen Bahntrasse und Rhein, liegt eine Erhebung mit der Adenauerallee, auf der schon die Römer ihre Heer- und Handelsstraße von Mainz nach Köln gebaut haben.*
Die Topographie spiegelt sich manchmal auch in Straßennamen wider. Der ***Bonner Talweg,*** *die zweite Kreuzung vom Standort, beginnt im alten Ortskern von Kessenich, nahe der Kapelle St. Nikolaus aus dem 14. Jahrhundert. Der Weg nach Bonn verläuft am nördlichen Hang der Gumme und stößt auf die Poppelsdorfer Allee.*

Im Verlauf der Argelanderstraße wird die Bismarckstraße/Kurfürstenstraße gekreuzt. An der nächsten Kreuzung geht es rechts ab in die Königstraße. Man folgt der Königstraße bis zur Ampelanlage am Bonner Talweg. Bei der Überquerung der Kreuzung ist für Radfahrer zu beachten, daß die Königstraße jetzt gegenläufige Einbahnstraße ist. Am Ende der Königstraße stößt man auf die Bahnlinie; bei geschlossener Schranke bietet sich die Unterführung an.

Zur Aufmunterung eine ortsübliche Spruchweisheit: "Entweder es regnet oder die Schranke ist unten". Vor dem Bau der Unterführungen galt die Faustregel, daß pro Student und Studium ein Semester an der Schranke gerechnet werden müsse.

Hinter der Bahnschranke stößt man auf die Kaiserstraße, biegt nach links und die erste Straße wieder rechts ab. Der Weg folgt der Fritz-Tillmann-Straße bis zur Ampelanlage an der Lennéstraße. Auf der gegenüberliegenden Straßenseite links führt ein Fußweg auf den Hofgarten. Unter den Bäumen hindurch erkennt man den weißen Bau des **Akademischen Kunstmuseums**. Auf den Treppenstufen dieses Gebäudes überblickt man den gesamten Hofgarten.

15. Station: **Universität/Hofgarten**

In Blickrichtung liegt nun die Südseite des Stadtschlosses, der heutigen Universität. Der von vier Türmen umgebende Mittelbau des Schlosses wurde im Bereich des 1689 zerstörten Vorgängerbaus auf Geheiß des Kurfürsten Joseph Clemens von 1697 bis 1705 nach Plänen des Baumeisters Enrico Zuccali errichtet und 1715/1723 von Robert de Cotte erweitert. Der Hofgarten entstand 1720. Nach der Kriegszerstörung 1944 wurde das Schloß bis 1966 wiederaufgebaut.

Der Ausbau der Stadt als Barockresidenz wird Joseph Clemens von Bayern (1671-1723) und dessen Neffen und Nachfolger im Amte, Clemens August (1700-1761), Herzog von Bayern, Fürstbischof von Münster, Paderborn, Hildesheim und Osnabrück sowie Hochmeister des Deutschen Ordens, zugeschrieben. Sie gehörten zu den Kurfürsten von Köln, welche über fast 700 Jahre die Geschicke der Stadt bestimmten. Mit der Landnahme durch französische Revolutionstruppen 1794 hörte das Kurfürstentum auf zu bestehen.

Die Kurfürsten von Köln zu Bonn

1060 gelangte das zuvor von Pfalzgrafen beherrschte Bonn durch Erbfolge an die Erzbischöfe von Köln. Die häufigen militärischen Auseinandersetzungen der Kölner Erzbischöfe, die zugleich Kurfürsten von Köln waren, um die Vorherrschaft im Nordosten des Deutschen Reiches führten wiederkehrend zu schweren Verwüstungen der Region. Ab 1210 wurde die Godesburg gebaut (s. 20. Station), 1244 befahl Konrad von Hochstaden die Ummauerung der Bonner Marktsiedlung. Im Zuge der im 13. Jahrhundert anschwellenden Konflikte zwischen Kölner Bürgerschaft und erzbischöflichen Kurfürsten wurde Bonn immer häufiger deren Aufenthaltsort. Im Kampf um die Vormacht im Gebiet zwischen Maas und Weser wurde den Kurkölnischen unter Siegfried von

Westerburg 1288 in der **Schlacht von Worringen** *(nördlich von Köln gelegen) durch Herzog Heinrich von Brabant die entscheidende Niederlage beigebracht. Für das innerköl(ni)sche Klima war dabei nicht unbedeutend, daß die Kölner Bürger auf Seiten der Brabanter mitkämpften. So überrascht nicht, daß sich Siegfried von Westerburg (Regent 1275-1297) im Bonner Münster beerdigen ließ.*

Die Kurfürsten nutzten Bonn nun als zeitweilige Residenz. So erklärt sich auch, daß Friedrich der Schöne von Österreich 1314 durch Erzbischof Heinrich von Virneburg und Karl IV. 1346 durch Erzbischof Walram im Bonner Münster zu deutschen Königen gekrönt wurden.

1525 wurde die Kanzlei des Kölner Erzbischofs vom nahe Köln gelegenen Brühl nach Bonn verlegt. 1597 wurde Bonn endgültig Residenz und Hauptstadt der Kurfürsten und Erzbischöfe von Köln. In der ersten Hälfte des 17. Jahrhunderts ließen die Kurfürsten die mittelalterliche Stadtmauer mit einer **Bastionsbefestigung** *umgeben und die Burganlage ausbauen.*

Eine Zäsur in der Stadtgeschichte ist das Jahr 1689: Am Rande eines von vielen Kriegszügen, diesmal in der Auseinandersetzung zwischen Ludwig XIV., König von Frankreich, einerseits und kaiserlichen Truppen unter Führung des Kurfürsten Friedrich III. von Brandenburg andererseits wurde die Stadt fast völlig zerstört.

Auch der spanische Erbfolgekrieg (1701-1714) tangierte Bonn, dessen Kurfürst auf französischer Seite stand. Der Friedensschluß 1715 verlangte auf Betreiben der Niederlande die Schleifung der Festungswerke. Das ermöglichte dem aus dem Pariser Exil zurückkehrenden Kurfürsten Joseph Clemens (Regent 1688-1723) und dessen Nachfolger Clemens August (Regent 1723-1761) den raumgreifenden Ausbau ihrer Stadt zur **Barockresidenz**.

Die kurkölnische Herrschaft endete 1794 mit der Flucht des letzten Kurfürsten Max Franz von Habsburg-Lothringen vor den heranahenden französischen Revolutionstruppen. Auch Max Franz, der die Godesberger Quellen gerne zum Mineralbad ausbauen wollte, hinterließ Ansehnliches: In seinem Auftrag baute der Architekt Michael Leydel 1790/82 die **Redoute**, *einen Ball- und Konzertsaal, in der Godesberger Kurfürstenallee.*

Von 1794 bis 1814 gehörte Bonn als Teil des Departements Rhein-Mosel zum französischen Staatsgebiet. Die Stadt wurde Sitz einer Unterpräfektur. Der Hofgarten, nun Nationalgarten genannt, war am 23. März 1798 Schauplatz des Festes für Volkssouveränität, einer Selbstdarstellung der Besatzer mit Werbecharakter für die einheimische Bevölkerung.

Als Folge der Neuordnung Europas durch den Wiener Kongreß 1815 wurde Bonn preußisch. 1818 ließ Friedrich Wilhelm III., König von Preußen, die nach ihm benannte Rheinische Friedrich-Wilhelm-Universität gründen.

Der **Hofgarten**, wie er heute noch heißt, hat nach dem Fest der Volkssouveränität von 1798 noch viele Feste, Veranstaltungen und Demonstrationen gesehen. Als die zu diesem Zeitpunkt größte Protestveranstaltung in der Geschichte der BRD ist die Friedensdemonstration gegen Mittelstreckenraketen in Europa vom 10. Oktober 1981 mit über 300 000 Teilnehmerinnen und Teilnehmern zu nennen. Seit Jahren schwelt ein Streit über die Nutzung der Hofgartenwiese als Demonstrationsort. Bisher konnten hier Demonstrationen aus übergeordneten öffentlichen Interesse veranstaltet werden. Das Oberlandesgericht Münster entschied im Januar 1992, daß Demonstrationen ohne Zustimmung der Universität als Eigentümerin nicht mehr stattfinden dürfen.

Zurück in die frühe Geschichte: Scharf rechterhand liegt die Priesterschule Collegium Albertinum. Vor dem Gebäude, unter einem Parkplatz, sind Fundamente einer **römischen Badeanlage** zugänglich. In diesem Betongewölbe informiert ein Lageplan über Ausgrabungen in diesem Bereich. Die außerhalb der Lagervorstadt des Kastells gelegene Militäranlage, zur der das Bad gehört, bestand vermutlich zwischen dem Ende des 1. Jahrhunderts und 275, dem Jahr der Zerstörung der römischen Ansiedlungen durch die Franken.

Zum Abschluß dieser Station lohnt sich noch ein Blick auf das **Akademische Kunstmuseum** im Rücken, welches 1824 nach von Karl Friedrich Schinkel überarbeiteten Plänen als Anatomie erbaut wurde und seit 1884 als Aufbewahrungsort der antiken Sammlung dient.

Die Rheinische Friedrich-Wilhelm-Universität

Die Rheinische Friedrich-Wilhelm-Universität ist die zweite universitäre Einrichtung in der Stadtgeschichte. Seit 1777 existierte die ***Bonner Akademie****, die Kurfürst Max Franz von Habsburg-Lothringen 1786 zur Universität erhob. Der aufklärerische Potentat dekretierte sogar die Aufnahme von Auswärtigen, Protestanten und Juden. 1798, vier Jahre nach Ankunft der französischen Truppen, schlossen die neuen Stadtherren die Studieranstalt.*

1818 stiftete der preußische König Friedrich Wilhem III. die nach ihm benannte Universität. Zu den ersten ***Professoren*** *gehörten die Historiker Ernst Moritz Arndt (1769-1860), und Georg Niebuhr (1776-1831), sowie August Wilhelm Schlegel (1767-1845) als Professor für Kunst- und Literaturgeschichte.*

Früher Residenz, heute Universität

Gottfried Kinkel (1815-1882), geboren im rechtsrheinischen Stadtteil Oberkassel, war hier Professor für Kunst und Kulturgeschichte. Im Jahre 1848 gehörte er der preußischen verfassungsgebenden Versammlung an. Nach seiner Verurteilung zu lebenslänglicher Festungsstrafe 1849 wegen Beteiligung am badisch-pfälzischen Aufstand wurde er 1850 von Karl Schurz befreit und floh nach England. 1866 wurde Kinkel Professor in Zürich.

Zu den sieben Abgeordneten der Bonner Universität zur Frankfurter Paulskirche gehörte der Historiker Friedrich Christoph Dahlmann (1785-1860).

Einer der bekanntesten Studenten der Universität dieser Zeit war Karl Marx (1818-1883), Doktor der Philosophie, Redakteur und Theoretiker des Sozialismus. Marx ging nach einem Semester Rechtswissenschaften in Bonn (1835) nach Berlin.

Anfang der 20er Jahre dieses Jahrhunderts studierte hier Paul Joseph Goebbels (1897-1945), Journalist, aus Rheydt. Im März 1933 wurde Goebbels Reichsminister für Propaganda und Volksaufklärung sowie Vorsitzender der Reichskulturkammer. In Bonn wurden ab 1933 politisch mißliebige Studenten, Dozenten und Professoren von der Universität entfernt. Zu den mindestens 45 Angehörigen des Lehrkörpers, die die Universität verlassen mußten, gehörten der protestantische Theologe Karl Barth, der jüdische Mathematiker Felix Hausdorff, die Philosophen Paul Ludwig Landsberg ("Halbjude") und Johannes Maria Verweyen ("Freimaurer und Pazifist"), der jüdische Historiker Wilhelm Levison, sowie der Sozialdemokrat, Jude und Zahnmediziner Alfred Kantorowicz. Thomas Mann wurde von der Universität die Ehrendoktorwürde aberkannt.

Von März 1934 bis Februar 1935 war eine **studentische Widerstandsgruppe** *an der Universität aktiv. "Kopf" war der damalige Assistent am Historischen Seminar, Dr. Walter Markov. Die Gruppe hatte Kontakt zu den illegalen Arbeiterparteien, besonders zur KPD, druckte Flugblätter und verbreitete die illegale Zeitung "Sozialistische Republik". Der Hauptangeklagte Markov wurde zu 12 Jahren Zuchthaus verurteilt und war bis 1945 in Siegburg inhaftiert. Nach der Befreiung kam Markov nach Bonn zurück, wurde aber nicht wieder in den Univer-*

sitätsdienst eingestellt. Ende 1946 ging er nach Leipzig, wo Markov eine Professur an der Karl-Marx-Universität erhielt.
*Als eine der bemerkenswertesten Persönlichkeiten der Nachkriegszeit, die an der Universität lehrten, ist Klara-Maria Faßbender (1890-1974) zu nennen. Faßbender studierte in München und Bonn Deutsch, Geschichte, Französisch und Philosophie. Unter dem Eindruck des 1. Weltkrieges wurde sie zur entschiedenen Pazifistin und war viele Jahre in der katholischen Bildungsarbeit tätig. Ab 1945 lehrte Faßbender an der Bonner Pädagogischen Akademie. Sie organisierte sich in der Westdeutschen Frauenfriedensbewegung und später in der Deutschen Friedens-Union gegen Westorientierung und Wiederbewaffnung der BRD. Ihr Engagement ließ sie mit dem politischen Establishment in Konflikt kommen. Unter dem Verdacht kommunistischer Betätigung, einem Totschlagargument des Kalten Krieges, wurde sie 1953 bis Frühjahr 1954 von ihrem Amt suspendiert. Kurze Zeit nach ihrer Wiedereinsetzung in das Amt, noch im Jahre 1954, wurde Faßbender ohne Rechtsgrund in des vorzeitigen Ruhestand versetzt. Die in Stadt und Land als "**Friedensklärchen**" bekannte Frau erfuhr zwar Solidaritätsadressen von Studentinnen und Professoren, nicht aber des Respekt des Bundespäsidenten und Ehrensenators der Bonner Universität, Heinrich Lübke. Als die französische Regierung 1967 Faßbender den Orden Palmes Académiques für die Übersetzung der Werke des katholischen Schriftstellers Paul Claudel verleihen wollte, versagte Lübke die Genehmigung. Erst Lübkes Nachfolger im Amte, Gustav Heinemann, machte 1969 die Verleihung möglich.*
Seit 1966 regte sich an der Universität auch das, was man nachmals Studentenbewegung nannte. Eine Folge: Die bislang beschauliche Universität Bonn hatte 1967 ihren ersten "linken", nicht von konservativen studentischen Gruppen gebildeten ***Allgemeinen Studentenausschuß*** *(AStA).*
Die heute eingeschriebenen rund 38.000 Studenten studieren an insgesamt neun Fakultäten, namentlich Rechts- und Staatswissenschaften, Medizin, Philosophie, Mathematik und Naturwissenschaften, Landwirtschaft, Pädagogik, Katholische und Evangelische Theologie.

Weg

(15. Station zur 16.Station)

Der Weg führt nun rechterhand, also an der östlichen Seite des Hofgartens, zum Schloß zurück. Am Ende der Allee geht es nach rechts ab, über die Stockenstraße (links: Stockentor) und dann halbrechts dem Fußweg folgend bis zur Fußgängerampel. Nach Überquerung der Adenauerallee (früher: Koblenzer Straße; linkerhand befindet sich das Koblenzer Tor) führt der Weg nach rechts entlang Adenauerallee bis kurz vor ein teils durch Bäume verdecktes Gebäude mit Fachwerkgiebel. Dort führt ein Fußweg nach links in Richtung Rhein.

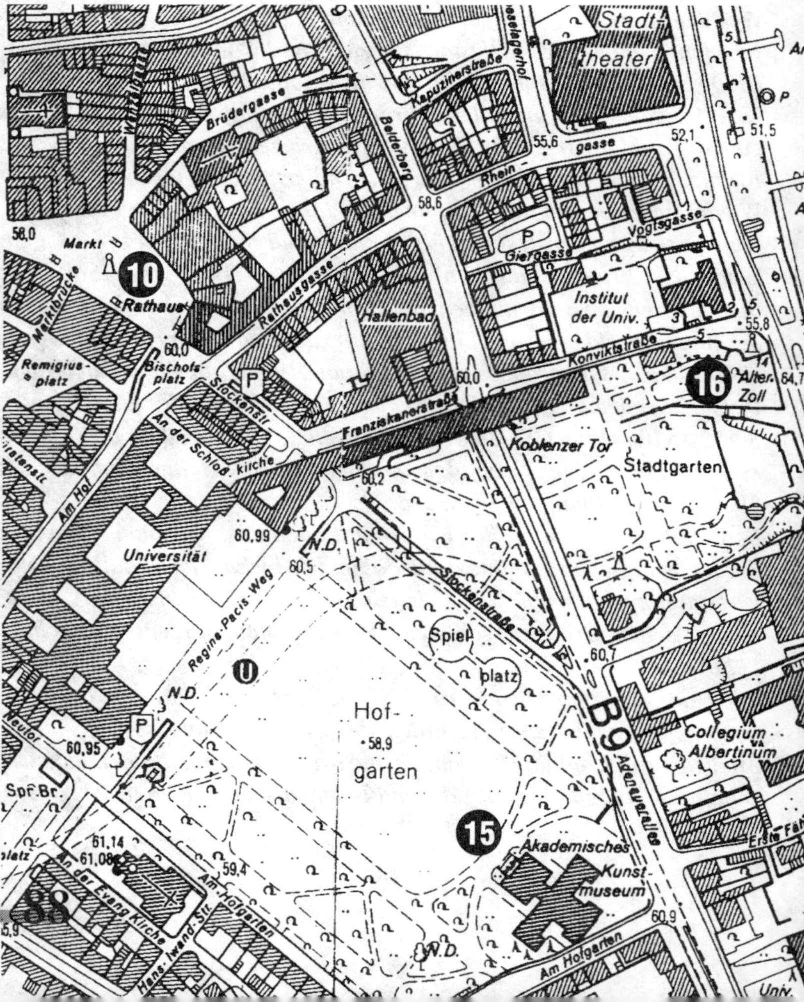

Nach wenigen Metern befindet sich auf der rechten Seite der **Gedenkstein "Alter Zoll"**, der für alle Bonner Opfer des Faschismus steht. Die Inschrift lautet:

"600 Bonner Bürger -
Opfer des Nationalsozialismus -
Euch die Ihr hier starbet -
entrechtet, erniedrigt, geschändet -
zum Gedenken -
uns zur Mahnung"

Der Weg führt ca. 10 m in Richtung Rhein, dann nach links und geradeaus, bis rechterhand das in Granit gefaßte Heinrich-Heine-Denkmal sichtbar wird. Links daran vorbei führt eine Rampe leicht steigend auf den Alten Zoll.

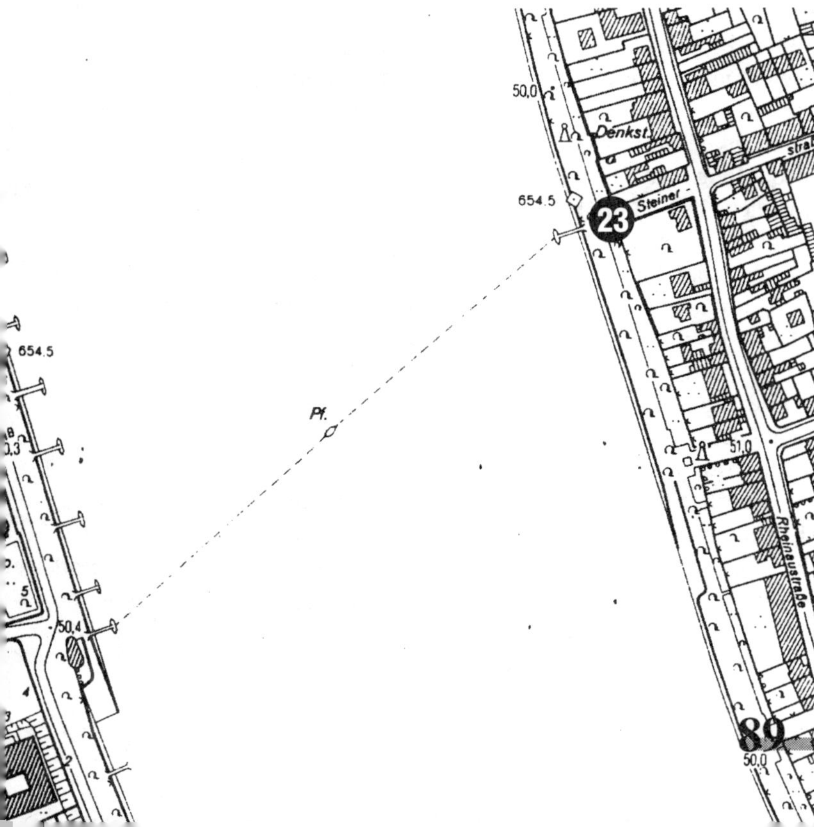

16. Station: **Alter Zoll**

Der Alte Zoll, 1644 als Teil der Bastionsbefestigung erbaut, ist der letzte erhaltene Teil dieser Befestigungsanlage des 17. Jahrhunderts. Namensgeber der Bastion ist das **Zollhaus**, welches seit dem Mittelalter bis zur Zerstörung 1689 hier stand. Seit 1865 erinnert ein Standbild von Bernhard Afinger an den Bonner Geschichtsprofessor Ernst Moritz Arndt (1769-1860; Grab auf dem Alten Friedhof; s. Weg 4. Station zur 5. Station) mit der Inschrift "Der Rhein - Deutschlands Strom, nicht Deutschlands Grenze".

Linkerhand sieht man die Kennedybrücke; nördlich des Beueler Brückenkopfes befindet sich der Ausgangspunkt dieser Stadtführung.

Am Bonner Brückenkopf ist das "Brückenmännchen" **("Et Bröckemännche")** befestigt, welches sein nacktes Hinterteil Richtung Südost streckt. Um diese Figur ranken zwei Geschichten bzw. Interpretationen. Als die Rheinbrücke 1898 gebaut wurde, fehlte es an dem notwendigen Interesse, d.h. es mangelte an Finanzierungsbereitschaft der Beueler für dieses Projekt. Nachdem mehrere Verhandlungen der Bonner um die Beteiligung an dieser Brücke fehlgeschlagen waren, entschloß man sich, die Brücke nicht direkt auf das damalige Beueler Zentrum im Bereich der vis-à-vis gelegenen Kirche St. Josef zu schlagen, sondern weiter nördlich in das freie Feld. Das dann am Beueler Brückenkopf montierte Brückenmännchen sollte die Beueler daran erinnern, daß sie sich nicht an den Baukosten beteiligen wollten.

Nach der Zerstörung der Brücke 1945 stürzte das Brückenmännchen bei Abrißarbeiten ab. Das Original befindet sich nun in der Gaststätte "Bonner Stuben" in der Oxford-/Ecke Wilhelmstraße. Eine Kopie desselben wurde beim Neubau der Brücke 1948/49 an der beschriebenen Stelle angebracht. Seitdem unterstellt man ihm die Funktion, dem bei der Wahl der provisorischen Bundeshauptstadt unterlegenen Frankfurt den Hintern entgegenzustrecken.

Nördlich des Bonner Brückenkopfes stand die Bonner Synagoge (s. 1. Station). Gegenüber des früheren Standortes, am Erzberger Ufer, befindet sich der 1988 eingeweihte **Gedenkstein für die verfolgte und ermordete jüdische Bevölkerung** (Inschrift: "Zum Gedenken an die 1879 eingeweihte, am 10. November 1938 durch die nationalsozialistische Gewaltherrschaft zerstörte Synagoge Bonns und an die verfolgten,

Alter Zoll mit Blick auf Siebengebirge und Regierungsviertel Gronau

vertriebenen und ums Leben gebrachten jüdischen Mitbürger"). Am Brückenkopf selbst ist seit den 60er Jahren eine Gedenktafel angebracht.

Vor dem Brückenkopf liegt das 1962/65 nach Plänen von Klaus Gessler und Wilfried Berg-Erlag erbaute Theater der Stadt Bonn, welches heute die **Oper** beherbergt; es ist eines der wenigen Häuser in Deutschland mit festem Ensemble.

Unmittelbar nördlich des Alten Zolls befindet sich das ehemalige preußische **Oberbergamt** von 1903, in dem sich nach der Verlegung des Amtes nach Dortmund 1969 das Historische Institut der Universität eingerichtet hat.

Der Blick vom Alten Zoll Richtung Osten erstreckt sich über Beuel und - in südöstlicher Richtung - die Stadtteile Limperich, Küdinghoven und Ramersdorf. Daran schließt der Stadtteil **Oberkassel** an (s. 22. Station). Südlich von Oberkassel beginnt die Stadt Königswinter mit den Stadtteilen Römlinghoven sowie Nieder- und Oberdollendorf. Im Hintergrund baut sich das Siebengebirge auf (s. 21. Station).

Im Vordergrund, aus der Perspektive des Standortes auf dem rechten Rheinufer, ist das **Regierungsviertel** mit dem überragenden Abgeordnetenhochhaus zu erkennen (s. 19. Station).

Weg

(16. Station zur 17. Station)

Radfahrer können den Alten Zoll über die links am Geburtshaus des Gartenmeisters Peter Joseph Lenné (Park-Gestalter in Sanssouci bei Potsdam), vorbeiführende Rampe verlassen, dann nach rechts abbiegen und stoßen nach wenigen Metern auf die Konviktstraße. Folgt man der Konviktstraße in rheinwärtige Richtung, so gelangt man auf das Brassertufer. Fußgängerinnen können am südlichen Rand des Alten Zolls heruntergehen und dann die Treppe zum Brassertufer benutzen.

Am Treppenabgang zum Rhein befindet sich auf der linken Seite ein sog. ***Ehrenmal*** *für das Husarenregiment Kaiser Wilhelm I. (s. 4. Station). Es wurde Anfang des 19. Jahrhunderts in die Mauer der Bastion eingelassen.*

Der Weg verläuft in südliche Richtung auf dem Brassertufer, an der Anlegestelle der Personenfähre und der Gaststätte Rheinpavillion vorbei auf dem Rathenau-Ufer und schließlich auf dem autofreien Wilhelm-Spiritus-Ufer.

Oberhalb dieser Stelle, an der Ecke zur Zweiten Fährgasse, befindet sich das Wohnhaus von Ernst-Moritz-Arndt in der Adenauerallee 79 (Öffnungszeiten: Di. bis Sa. 10 bis 17 Uhr, So 10 bis 13 Uhr.)Hinter der Zweiten Fährgasse erhebt sich das 1954 erbaute ehemalige ***Bundesministerium für Post und Fernmeldewesen****. Das funktionalistisch gestaltete Haus wirkt zwar schlicht, birgt aber an der rheinseitigen, backsteinverklinkerten Giebelseite des Vortragssaales dennoch Kunst am Bau: Stier, Adler, Elefant, Tiger und Känguruh repräsentieren die 5 Kontinente. Seit 1987 befindet sich das Bundesministerium für Post und Telekommunikation in Godesberg-Nord. In Teile dieses Gebäudes ist mittlerweile das Auswärtige Amt eingezogen.*

Das Auswärtige Amt (erbaut 1953/54) wird nach kurzer Wegstrecke als Hochbau mit ausgedehnten Antennenanlagen auf dem Dach erkennbar. Der Eingangsbereich ist durch den prunkvoll verzierten Treppenaufgang erreichbar, der in die Tempelstraße führt.

Die Tempelstraße (früher: Wörthstraße) erhielt ihren Namen durch die 1959 nach Plänen von H. Goldschmidt errichtete ***Synagoge****. Auffällig ist, daß Synagoge und* ***Auswärtiges Amt****, obwohl über die gleiche Straße zu betreten, unterschiedliche Anschriften haben. Die Synagoge liegt in der Tempelstraße 4, das Auswärtige Amt in der Adenauerallee 99-103.*

Nach einigen hundert Metern auf der Rheinpromenade erreicht man den nächsten Treppenaufgang, der zur 17. Station in die Kaiser-Friedrich-Straße führt.

17. Station: **Museum Alexander König**

Auf der linken Seite der Kaiser-Friedrich-Straße steht die **Villa Hammerschmidt**, seit 1950 der Amtssitz des Bundespräsidenten. Die Privatwohnung des Präsidenten ist im ersten Obergeschoß. Neben der Villa liegt das Bundespräsidialamt.

Erbaut wurde die Villa 1863/65 im Auftrag des Industriellen Leopold König. Seine heutige Form erhielt das Gebäude durch einen Umbau von 1878. Namensgebend war der Geheime Kommerzienrat Rudolf Hammerschmidt, ab 1900 Besitzer des Anwesens. Von dessen Erben kaufte die BRD die Villa.

Am Ende der Kaiser-Friedrich-Straße, schon in der Adenauerallee, steht das **Museum Alexander König**. Der Bau im Stil der Neorenaissance wurde 1912/14 begonnen und erst 1934 fertiggestellt. Gegründet und benannt wurde das naturkundliche Museum nach dem Sohn Leopold Königs, dem Zoologen Alexander König (1858-1940). König verstand seine Einrichtung als Forschungsinstitut. Über dem Portal steht zu lesen: Studiis Zoologicis Sacrum, soll heißen: Weihestätte für zoologische Studien. Das Museum enthält eine einzigartige Sammlung von Säugetieren und Vögeln. Allein die Vogelsammlung umfaßt 75.000 Bälge. Die Kollektion ostasiatischer Schmetterlinge zählt über eine halbe Million Exemplare. Selbst eine Sammlung der Tierwelt des Rheinlandes ist vorhanden. Neben den Sammlungen befinden sich Forschungseinrichtungen, Labors und eine Bibliothek in dem Gebäude.

Alexander König vermachte 1929 seine zoologischen Sammlungen dem Staat. 1919 erhielt König die Ehrendoktorwürde der Universität Bonn und wurde 1934 zum Ehrenbürger der Stadt ernannt. Im gleichen Jahr eröffnete das Museum eine der bedeutendsten zoologischen Sammlungen in Deutschland. Öffnungszeiten: Di. bis Fr.: 9 Uhr bis 17 Uhr; Sa. und So.: 9 Uhr bis 12.30 Uhr; feiertags geschlossen.

In diesem Gebäude fand - in Gesellschaft zahlreicher ausgestopfter Tiere - am 1. September 1948 unter dem Vorsitz des früheren Kölner Oberbürgermeisters und späteren Bundeskanzlers Konrad Adenauer die Eröffnungssitzung des Parlamentarischen Rates statt. In diesem Gremium sollte die Gründung der BRD vorbereitet werden. Das Grundgesetz wurde am 8. Mai 1949 beschlossen und am 23. Mai 1949 verkündet. Vor

Portal des Museum Alexander König

seiner Auflösung, am 10. Mai 1949, entschied der **Parlamentarische Rat** über den vorläufigen Sitz der Bundesorgane. In der alternativen Abstimmung zwischen Bonn und Frankfurt erhielt Bonn mit 33 zu 29 Stimmen den Zuschlag. Der erste gewählte Deutsche Bundestag bestätigte diese Entscheidung am 3. November 1949.

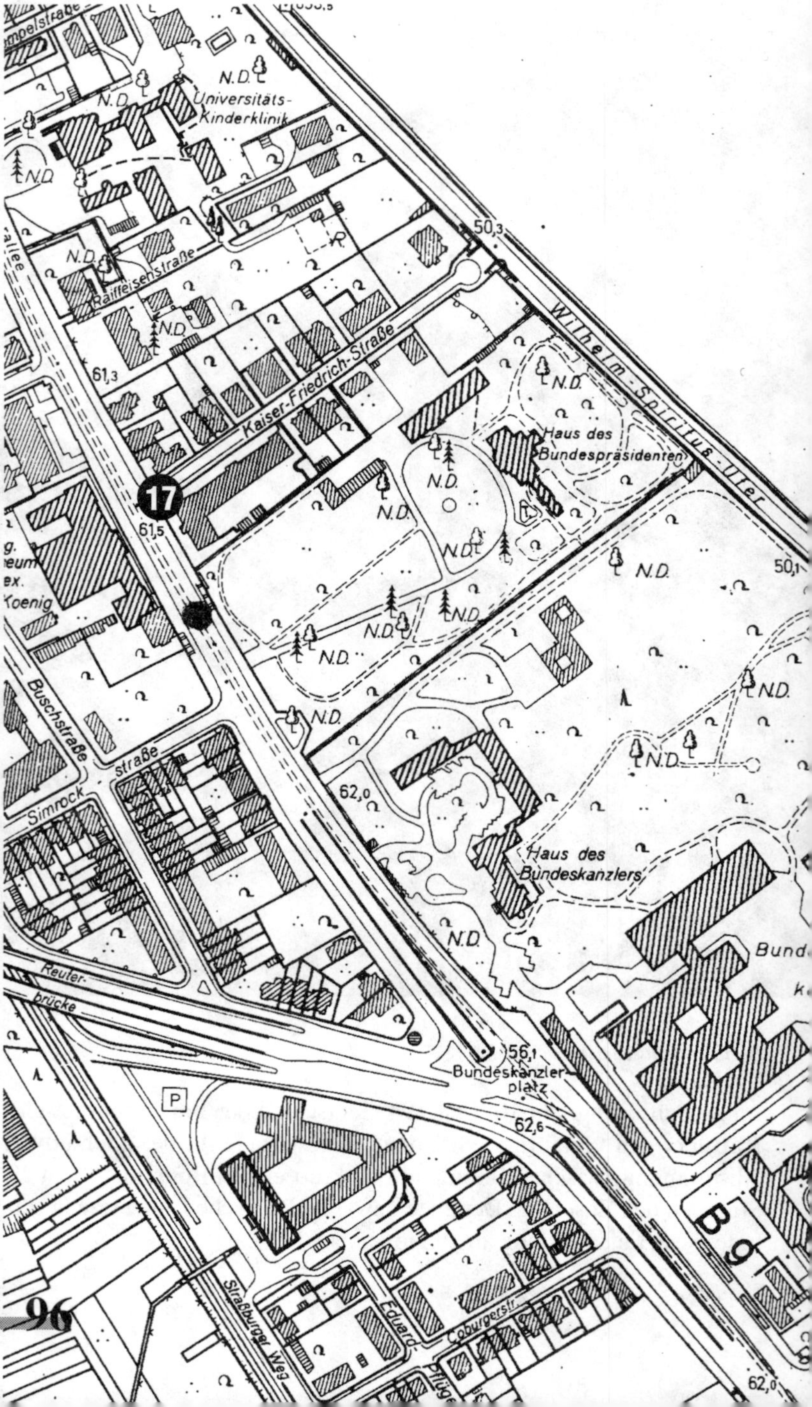
N.D.
Universitäts-
Kinderklinik
Raiffeisenstraße
Kaiser-Friedrich-Straße
Wilhelm-Spiritus-Ufer
50,3
61,3
17
61,5
Koenig
Haus des
Bundespräsidenten
50,1
Buschstraße
Simrock
straße
62,0
Haus des
Bundeskanzlers
Reuter-
brücke
P
56,1
Bundeskanzler-
platz
62,6
B 9
Straßburger Weg
Eduard-
Coburgerstr.
62,0

(17. Station zur 18. Station)

Der Weg führt über den Treppenaufgang zurück an den Rhein. Vom Wilhelm-Spiritus-Ufer öffnet sich der Blick auf die Rheinseite der Villa Hammerschmidt. Man passiert ein Bootshaus, erkennt im Hintergrund die Nordrhein-Westfälische Landesvertretung und biegt dann in die nach rechts abbiegende Dahlmann-Straße ein.
Nach ca. 200 m wird die Dahlmannstraße von der Görresstraße gekreuzt. Der Kreuzungsbereich ist der Standort der 18. Station.

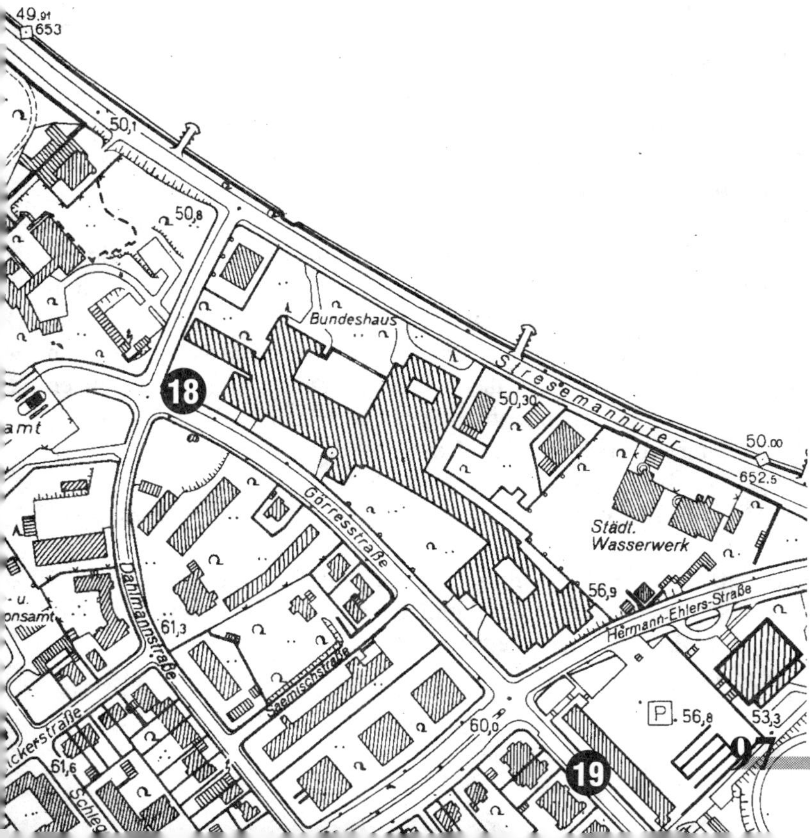

18. Station: **Bundeshaus/Plenarsaal**

In nördlicher Richtung steht unübersehbar das 1974/76 erbaute **Bundeskanzleramt.** Dieser im Stil der Zeit gestaltete Funktionsbau löste das dahinter gelegene **Palais Schaumburg** als Bundeskanzleramt ab. Das Palais Schaumburg ließ der Industrielle William Loeschig 1858/60 bauen. Seinen Namen führt das Gebäude dank des Prinzen Adolf zu Schaumburg-Lippe und der Prinzessin Viktoria von Preußen, einer Schwester Wilhelm II., die das Palais zeitweilig in Besitz hatten.

Eine architektonische Besonderheit in dem der Öffentlichkeit nicht zugänglichen Park stellt der 1964 von Sep Ruf als Wohnsitz des Bundeskanzlers erbaute **Kanzlerbungalow** dar. Links neben dem Bundeskanzleramt schließt das Bundespresseamt an, daneben das Studio Bonn des Westdeutschen Rundfunks.

Im östlichen Verlauf der Görresstraße sind **Bundesrat** und **Bundestag** untergebracht. Ursprünglicher Kernbereich des Bundeshauses ist die linkerhand gelegene ehemalige Pädagogische Akademie, die in den klassischen Formen des Bauhauses 1930/33 erbaut und 1933 fast unter Ausschluß der Öffentlichkeit eingeweiht wurde. Zur Zeit des Faschismus galt der Bauhaus-Stil als "entartete Kunst". Links neben dem weiß verputzten Gebäude steht der Anbau des Bundesrates. Dessen Sitzungssaal befindet sich in der früheren Aula der alten Pädagogischen Akademie. Hinter dem ehemaligen Akademiegebäude ragt der Neubau des **Plenarsaales** auf die Straße, der an der Stelle des von Hans Schwippert entworfenen und 1949 errichteten Plenarsaales gebaut wurde. Die Rohbauarbeiten begannen im Juni 1988, die Planung stammt von dem Stuttgarter Architektenbüro Behnisch und Partner. Bemerkenswert an dem Neubau ist der Umstand, daß entgegen der früheren frontalen Sitzanordnung zwischen Regierung und Parlament hier eine kreisrunde Bestuhlung eingerichtet wurde. Das Gebäude wird mit der Fertiggestellung 1992 über 260 Mio. DM gekostet haben.

Hinter dem Neubau des Plenarsaals, noch vor dem Kreuzungsbereich, schließt das 1954 erbaute achtgeschossige Abgeordnetenhochhaus an, heute **Altes Hochhaus** genannt. Auf der westlichen Seite der Görresstraße stehen einige Einfamilienhäuser, die ebenfalls von Einrichtungen des Bundestages belegt sind. Privates Wohnen gibt es in diesem Viertel fast nicht mehr.

Bundeshaus mit Plenarsaal und Altem Hochhaus; im Hintergrund das Abgeordnetenhochhaus

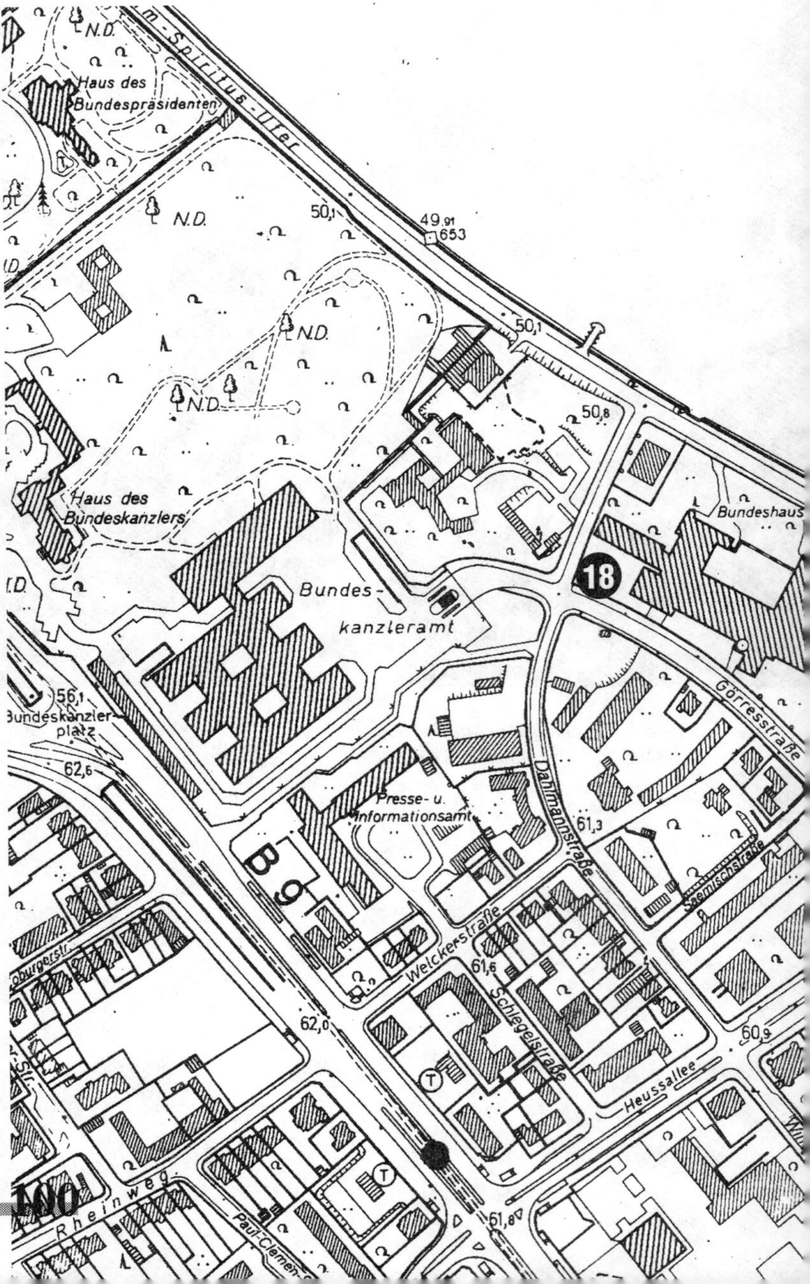
N.D.
Haus des Bundespräsidenten
Bundeskanzleramt
Haus des Bundeskanzlers
Bundeshaus
18
Görresstraße
Dahlmannstraße
Presse- u. Informationsamt
Bundeskanzlerplatz
B 9
Welckerstraße
Schlegelstraße
Heussallee
Saemischstraße
Rheinweg
Paul-Clemen-
50,1
49,91
653
50,8
56,1
62,6
61,3
61,6
62,0
60,9
61,8

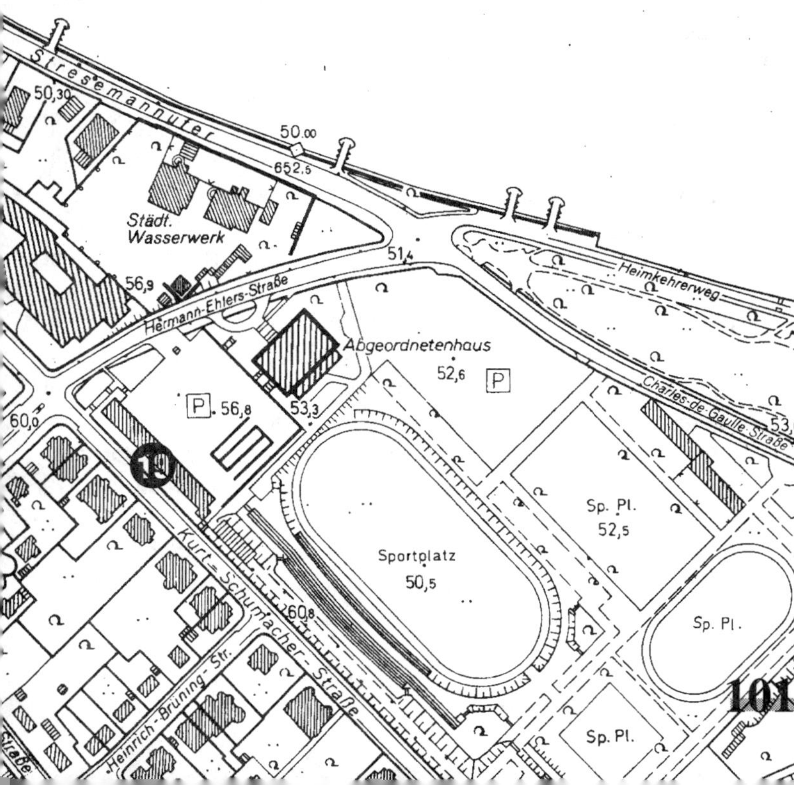
Stresemannufer
50,30
50.00
652.5
Städt.
Wasserwerk
51,4
56,9
Hermann-Ehlers-Straße
Heimkehrerweg
Abgeordnetenhaus
52,6
P
Charles-de-Gaulle-Straße
P
56,8
53,3
60,0
19
Sp. Pl.
52,5
Sportplatz
50,5
Sp. Pl.
Kurt-Schumacher-Straße
60,8
Heinrich-Brüning-Str.
Sp. Pl.

19. Station: **Bundeshaus Abgeordnetenhochhaus**

Linkerhand, in der Hermann-Ehlers-Straße, befindet sich der Eingang IV des **Bundeshauses**, der belebteste Eingang des Gebäudekomplexes. Hier, unterhalb und rheinseitig vom Hochhaus gelegen, liegen die Fraktionsräume von CDU/CSU und SPD. Weiter in Richtung Rhein, für die Abgeordneten fußläufig durch eine Passage erreichbar, steht das ehemalige, 1900 in Betrieb genommene Wasserwerk der Stadt. Das **Wasserwerk** beherbergte seit dem Abriß des alten Sitzungssaales den Ersatzplenarsaal des Bundestages.

Zwischen Standort und neuem **Abgeordnetenhochhaus** erstreckt sich eine Parkplatzfläche mit drei Tiefebenen samt Ladenzeile, die 1971 eingerichtet und 1992 im Zuge der Bauarbeiten für den Bundestags-Neubau abgerissen wurde.

Das "Langer Eugen" genannte neue **Abgeordnetenhochhaus** (in der Bundestagsverwaltungssprache: Neues Hochhaus) wurde 1969 ganz wesentlich auf Betreiben des damaligen Bundestagspräsidenten, Eugen Gerstenmeier (CDU), und nach Plänen von Egon Eiermann erbaut. In den 29 Stockwerken befinden sich der Großteil der Abgeordnetenbüros, Sitzungs- und Ausschußsäle sowie das Restaurant im Dachgeschoß. Dem Vernehmen nach soll dieser die bauliche Gestaltung der Stadt Bonn sprengende Turm u.a. mit der Ankündigung durchgesetzt worden sein, daß es nicht zuletzt für die Bonner Bevölkerung doch von hohem Reiz sei, in fast 112 Meter Höhe mit tatsächlich wunderschönem Ausblick zu speisen. Allerdings, aus Sicherheitsgründen, ist das Restaurant nicht mehr für die Öffentlichkeit zugänglich.

Daß nicht alle Abgeordneten im "Langen Eugen" sitzen, machen u.a. die barackenähnlichen Behelfsbauten halbrechts hinter dem Neuen Hochhaus deutlich. Die ohnehin schon beengten räumlichen Verhältnisse von Verwaltung und Abgeordneten sowie Mitarbeiterinnen und Mitarbeitern hatten sich durch die Erweiterung des Bundestages um die ostdeutschen Vertreterinnen und Vertreter im Zuge des Anschlusses der DDR von 519 auf 662 Abgeordnete drastisch verschlechtert.

Weiter südlich entsteht der nach seinem Architekten **Schürmannbau** genannte Erweiterungsbau des Bundestages. Neben einer erweiterten Tiefgarage sollen die Räumlichkeiten für die Bundestagsbibliothek, die Verwaltung, die Abgeordneten und deren Mitarbeiterinnen und Mitarbeiter entstehen. Ende 1991 war noch nicht entschieden, ob dieser Bau auch angesichts des anstehenden Umzuges von Regierung und Parlament nach Berlin fertiggestellt wird. Die Gesamtkosten waren auf 600 Mio. DM projektiert. Die Renaturierung dieses Teils der Rheinaue dürfte wahrscheinlich ebenso kostenintensiv sein wie die Fertigstellung des Baues. Von einer Fertigstellung versprechen sich Stadt und Land vor allem eine erhöhte Attraktivität des ehemaligen Provisoriums als Behördenstandort. An der Stelle des Neubaus befand sich das Stadion Gronau, in dem der Fußballclub Bonner Sport-Club (BSC) bis zum Bau des Sportparks Nord seine Spiele bestritt.

Die Kurt-Schumacher-Straße enthält einen Teil der hier im Regierungsviertel, der Gronau, angesiedelten **Landesvertretungen**. Neben der Hessischen sind es - in der Reihenfolge - die Saarländische, die Hamburgische, die Schleswig-Holsteinische und Niedersächsische Landesvertretung. Zwischen Hessischer und Saarländischer Landesvertretung steht die Residenz des Botschafters von Ägypten.

Zwischen den Landesvertretungen zweigt rechtwinklig die Heinrich-Brüning-Straße ab. Sie läuft direkt auf das Hochhaus im Tulpenfeld zu. Das **Tulpenfeld** ist ein 1966/67 im Auftrag der Allianz-Versicherung errichteter und an den Bund vermieteter Gebäudekomplex, in dem neben Teilen der Bundestagsverwaltung und Abgeordnetenbüros u.a. die Bundespressekonferenz untergebracht ist.

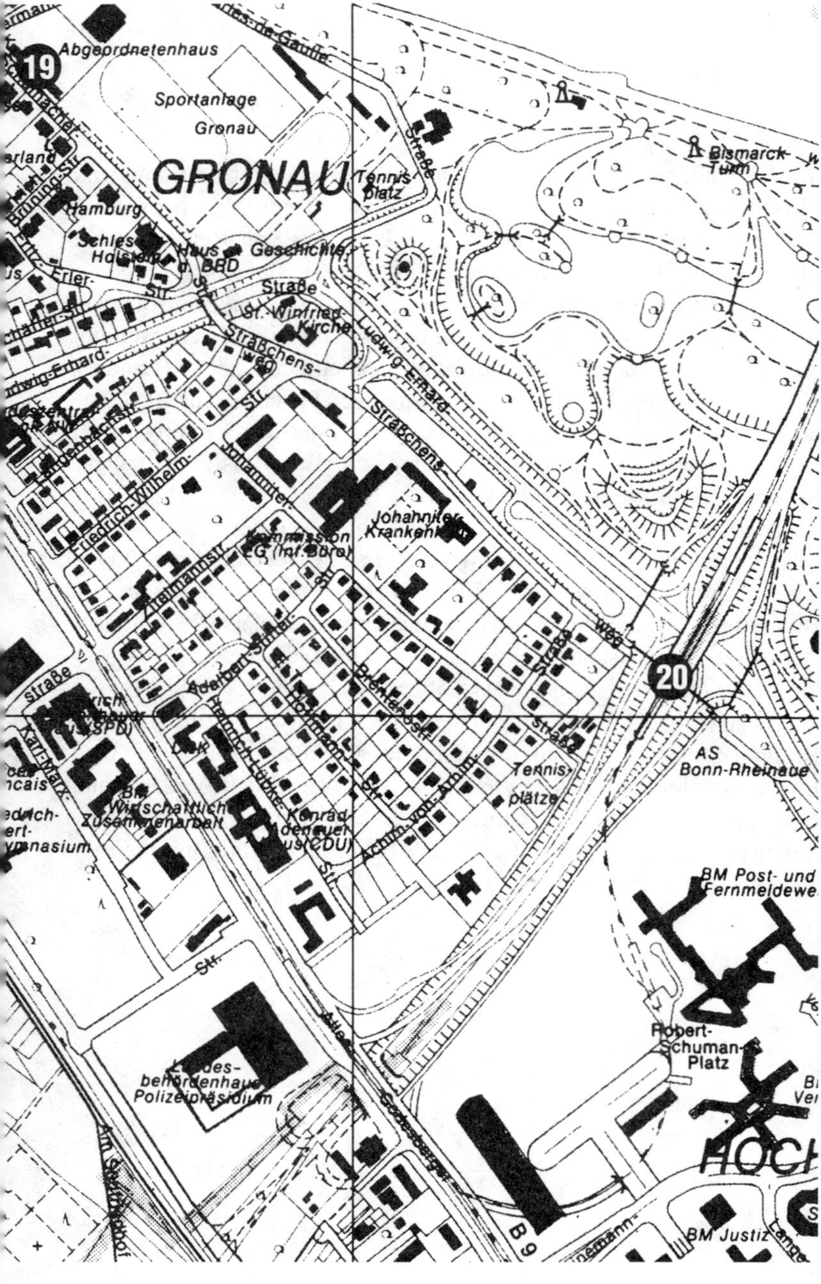
19
Abgeordnetenhaus
Sportanlage
Gronau
GRONAU
Tennis-
platz
Bismarck-
Turm
Hamburg
Haus der Geschichte d. BRD
Straße
St. Winfried-
Kirche
Ludwig-Erhard-
Sträßchens-
weg
Johanniter-
Krankenh.
Straße
Weg
20
AS
Bonn-Rheinaue
Tennis-
plätze
Konrad-
Adenauer-
Haus(CDU)
BM Post- und
Fernmeldewe
Robert-
Schuman-
Platz
Landes-
behördenhaus
Polizeipräsidium
B 9
BM Justiz
Str.
Karl-Marx-
Gymnasium

Weg

(19. Station zur 20. Station)

Der Weg verläuft entlang der Kurt-Schumacher-Straße, die in den Sträßchensweg übergeht. Der Sträßchensweg führt nach einer leichten Linkskurve auf die nur für PKWs befahrbare Franz-Josef-Strauß-Allee, geht aber noch vor dieser Straßeneinmündung halbrechts ab und verläuft dann parallel zur Franz-Josef-Strauß-Allee. Vorbei am Johanniter-Krankenhaus wird der Sträßchensweg zur Sackgasse, an die sich in südlicher Richtung eine Betriebsbrücke über die Autobahnauffahrt zur Konrad-Adenauer-Brücke anschließt.

Eingang zum Ersatzplenarsaal im Wasserwerk, im Vordergrund das ehem. Maschinenhaus

20. Station: **Konrad-Adenauer-Brücke**

Auf dem Scheitelpunkt der Betriebsbrücke gibt der Blick in östliche Richtung die Sicht frei auf den von der Autobahn zerschnittenen **Rheinauenpark**. Dieses 160 ha große Gelände gehörte zum Großteil zur Bundesgartenschau von 1979. Vorher bestand diese unbebaute Zone zwischen Godesberg und Bonn aus Feldern und Gärten. Das heutige Landschaftsbild ist in Gänze durch Menschenhand entstanden. Die angelegten Seen sollen der Lage früherer Altrheinarme entsprechen.

Die bewaldete Erhebung am Ende der Brücke ist der oberhalb von Ramersdorf gelegene Ennert, davor steht die Ramersdorfer Kommende (s. Weg 21. Station zur 22. Station). In südlicher Richtung ist das Siebengebirge mit dem nach Westen abschließenden Drachenfels zu erkennen (s. 21. Station). Rechts vom Drachenfels steht ein pyramidenförmiger Bau, die Zentrale einer Bank.

In südwestlicher Richtung richtet sich der Blick auf **Bundesministerien** im Stadtteil Hochkreuz (nach dem im 14. Jh. errichteten Hochkreuz auf der Godesberger Allee/Ecke Hochkreuzallee), die in ihrer Häufung ein neues Regierungsviertel ausmachen. Im Vordergrund steht das 1987 eingeweihte Bundesministerium für Post und Telekommunikation, unmittelbar dahinter das Bundesministerium für Verkehr. Im Hintergrund erheben sich die beiden Anfang der 70er Jahre erbauten sogenannten Kreuzbauten. Hier sind die Bundesministerien der Justiz, für Forschung und Technologie sowie für Bildung und Wissenschaft untergebracht. Zur Friedrich-Ebert-Allee wird das Gelände vom Hotel Maritim abgeschlossen. Zwischen Bundesministerium für Post und Telekommunikation und Maritim sollte das Bundesministerium für wirtschaftliche Zusammenarbeit entstehen, auf dessen Bau nach dem Bundestagsbeschluß über die Verlegung des Parlaments- und Regierungssitzes verzichtet wurde.

Weit im Hintergrund ist die **Godesburg** zu erkennen. Auf dem strategisch gut gelegenen Bergkegel (121 m) entstand die Burg ab 1210 auf Befehl des Kölner Erzbischofs Dietrich von Hengebach. Fertiggestellt wurde "Burg Gudinsberg" unter Erzbischof Konrad von Hochstaden, der sein Kurfürstentum systematisch befestigte. Erzbischof Walram von Jülich ließ den Bergfried auf 30 m aufstocken. Im Zuge des sog.

Truchseßschen Krieges 1582/84 wurde die Godesburg 1583 durch bayerisch-spanische Truppen unter Erzbischof Ernst von Bayern zerstört. Dessen Vorgänger, Erzbischof Gebhard Truchseß von Waldburg, war zum Protestantismus übergetreten und hatte Glaubensfreiheit dekretiert. Unterstützt u.a. durch Pfalzgraf Johann von Zweibrücken, Graf Albrecht von Nassau-Saarbrücken und Graf Johann von Nassau versucht sich Gebhard Truchseß seiner Entmachtung - erfolglos - zu erwehren und verschanzte sich in Bonn. Der Reformationsversuch scheiterte, das Kurfürstentum blieb katholisch.

In westlicher Richtung verläuft die Autobahn, die an ihrem Ende auf die **Friedrich-Ebert-Allee** stößt. Die Friedrich-Ebert-Allee ist die Verlängerung der Adenauerallee und führt (entlang der Trasse der Römerstraße) von Bonn nach Bad Godesberg. Seit vielen Jahren gibt es Planungen, die Autobahn in östlicher Richtung - als Ennerttunnel - auf die BAB 3 und in westlicher Richtung - als Venusbergtunnel - auf die BAB 565 zu verlängern. Entscheidungen sind weder getroffen, noch scheinen sie angesichts der öffentlichen Widerstände und Unentschlossenheit der Mehrheitsparteien im Bonner Rat anzustehen.

Unmittelbar am Endpunkt der Autobahn befindet sich zur Rechten das Landesbehördenhaus mit dem Polizeipräsidium, davon nördlich die britische Botschaft sowie die Parteizentrale der CDU, das Konrad-Adenauer-Haus. Dem gegenüber in westlicher Richtung liegt - von hier nicht einsehbar - die Parteizentrale der SPD, das Erich-Ollenhauer-Haus. Der Höhenzug im westlichen Hintergrund ist der Naturpark Kottenforst-Ville, eine Verlängerung des Venusberges in südlicher Richtung.

Weg

(20. Station zur 21. Station)

Der Weg führt über die Betriebsbrücke und das anschließende Parkplatzgelände auf einer Böschung parallel zur Ludwig-Erhard-Allee entlang. An der nach links über die Ludwig-Erhard-Allee geschlagenen Brücke geht es ab in das Rheinauengelände, hinter der Brücke rechts bis

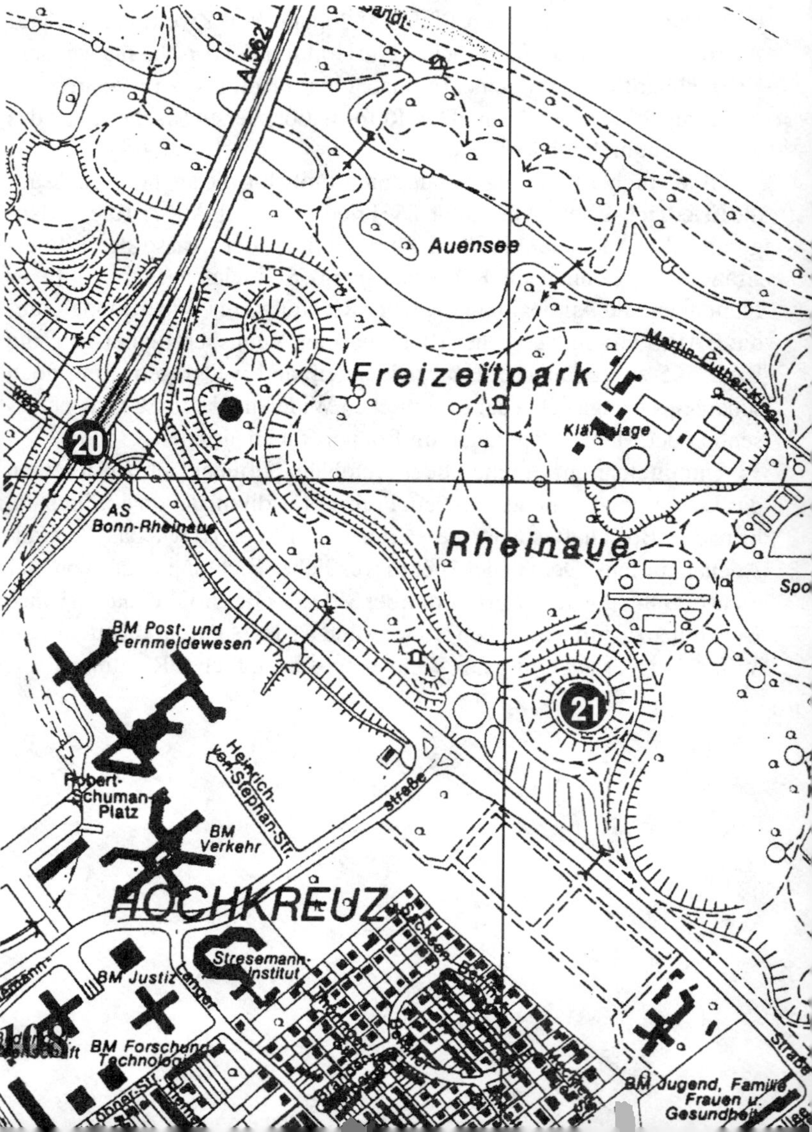

zur Mündung in den Hauptweg, dort wieder rechts. Dieser Weg führt auf ein Rondell, hinter dem sich ein gelber Pavillon befindet, der ehemalige Postpavillon. Umgeht man das Rondell zur Linken, führt der zweite Weg nach links auf eine kleine Anhöhe, dem Standort der 22. Station.

21. Station: **Plittersdorfer Rheinaue**

Die Anhöhe bietet einen Rundblick über das neue Regierungsviertel Hochkreuz, die Rheinaue und das Siebengebirge.

Auf der anderen Rheinseite liegt Oberkassel. Rheinaufwärts, vom Standort aus im Südosten, befindet sich einer der nördlichsten deutschen Weinhänge, nämlich der von Oberdollendorf.

Dahinter baut sich das **Siebengebirge** auf. Dieser Höhenzug stellt den nordwestlichen Abschluß des Westerwaldes dar und hat über 30 Gipfel. Diese Ansammlung basaltischer, andesitischer und trachytischer Vulkankegel steht seit 1923, in Teilen schon seit 1836, unter Naturschutz.

Als Namensgeber werden gerne die aus nordwestlicher Perspektive herausragenden sieben Höhen Petersberg (331 m), Nonnenstromberg (336 m), Großer Ölberg (460 m), Lohrberg (435 m), Wolkenburg (324 m), Löwenburg (455 m) und Drachenfels (321 m) genannt. Tatsächlich aber ist es die rheinische Mundart, die den Begriff stiftete: Der Höhenzug als Regenwolkenfänger wurde mit der Folge seiner Existenz beschrieben: "Siefen" heißt regnen, womit diese Landschaft im Hochdeutschen als "Regengebirge" bezeichnet werden müßte. Allerdings leitet eine andere Interpretation den Namen des Vulkangebirges von dem Wort "Siefen" ab, was "schluchtartiges Tälchen" oder "tiefe, wasserführende Täler" bedeutet.

Über dem Rhein erhebt sich der **Drachenfels**, der niemals Aufenthaltsort für Drachen gleich welcher Art war. Das Gestein dieses aus dem Blickwinkel des Standortes ganz rechts gelegenen Berges besteht aus Trachyttuff, welcher schon von den Römern spätestens seit 160 n.u.Z. abgebaut und in den römischen Garnisonen und zivilen Siedlungen entlang des Rheines von Remagen bis Nijmegen vermauert worden ist. Bei Niedrigwasser läßt sich noch heute das Hafenbecken erkennen. Später wurde dann Trachyttuff für den Bau des Kölner Doms gebrochen. Und bei häufiger Aussprache ist der Unterschied zwischen Trachyt und Drachen gar nicht mehr so groß.

Auf den Drachenfels, genauer bis in die Höhe von 255 m, fährt seit 1883 eine Zahnradbahn. Auf dem Gipfel befand sich die um 1147 von Erzbischof Arnold von Wied, dem Bauherrn der Doppelkirche Schwarzrheindorf (s. 2. Station), zum Bau befohlene Burg. Deren Ruine steht seit

1634 über dem Rhein. Das durch Bruch und Umweltverschmutzung angegriffene Gestein wird heute durch Eisenklammern und Betonausschalungen zusammengehalten. Das beliebte Reiseziel wird wegen der wohl stärksten Besuchergruppe gerne "der höchste Berg Hollands" genannt.

Nördlich vom Drachenfels steht die Drachenburg, die als Selbstdarstellung des Barons Stephan von Sarter, einem in Bonn gebürtigen Bankier und Börsenmakler, 1882/84 erbaut wurde.

Weiter nördlich ist der **Petersberg** gelegen (331m ü. NN), der in den letzten 2.000 Jahren sehr verschiedene Funktionen hatte. Auf seiner Kuppe steht das im wesentlichen neu erbaute Gästehaus der Bundesregierung.

Siebengebirgs-Panorama

Der Petersberg: Fliehburg und Gästehaus

Um 100 v.u.Z. befand sich hier eine Fliehburg, wovon Reste eines Ringwalls zeugen.
Ab 1131 siedelten Augustinermönche, 1189 kamen Zisterziensermönche aus Himmeroth in der Eifel. Zwar zogen die Zisterzienser vier Jahre später ins talwärts gelegene **Heisterbach** *(das Kloster besteht noch heute), gaben der zuvor Stromberg genannten Basaltkuppe aber noch den neuen Namen: mons sankti petri.*
In den folgenden Jahrhunderten war der Berg Wallfahrtsort; die heute dort befindliche Kapelle wurde 1763 erbaut.
1888/92 entstand das **Hotel Petersberg**, *zwischen 1912 und 1914 wurde es um- und ausgebaut. Seit 1912 befanden sich Hotel, Bergplateau und Teile der Hänge im Besitz der Familie Mülhens, die am südwestlichen Fuß des Berges seit 1843 den Wintermühlenhof bewohnte. Die Familie Mülhens war die Eigentümerin der Kölner Parfümeriewarenfirma "4711".*
1938 wohnte der britische Premierminister Chamberlain im Hotel, als er mit Reichskanzler Hitler über die Zukunft des Sudetenlandes im Rheinhotel Dreesen, Hitlers bevorzugtem Wohnort bei Aufenthalten in der Region, verhandelte. Zum Ende des Krieges bewohnten Angestellte von "4711" das Haus, später wurden hier französische Soldaten interniert.
Von 1949 bis 1951 war das Hotel Petersberg **Sitz der Alliierten Hochkommissare**, *die von ihrem Quartier aus einen hervorragenden Blick auf das in der Rheinebene gelegene Bundeshaus hatten.*
1955 mietete die Bundesregierung das Objekt und brachte seitdem Staatsgäste in der Nobelherberge unter, zuletzt 1973 Leonid Breschnew.
1979 kaufte der Bund das Anwesen für 17,3 Mio. DM von der Familie Mülhens in der Absicht, es als **Gästehaus** *umzubauen. Dabei wurde das Gebäude unter Mißachtung des bestehenden Denkmalschutzes fast komplett niedergelegt und in Teilen nach der alten Vorlage wieder aufgebaut. Ähnlich unmaßgeblich erschien dem Bauherrn offensichtlich der Finanzierungsrahmen: Der Preis stieg von projektierten 100 Mio. DM auf über 137 Mio. DM.*

Entlang des zwischen Petersberg und Drachenburg gelegenen Tales, in dem die Verbindungsstraße von Königswinter zur Margaretenhöhe verläuft, befindet sich ein Höhlensystem, die **Ofenkaule**. Hier wurden in früheren Jahrhunderten Backsteine gebrannt und gußeiserne Ofenteile gefertigt. Zum Ende des Zweiten Weltkriegs, ab November 1944, produzierte eine wegen der alliierten Luftangriffe ausgelagerte Kölner Firma Einspritzpumpen für Flugzeugmotoren in den Höhlen.

Auf der Bonner Rheinseite in Blickrichtung zum Petersberg, aber von Bäumen verdeckt, liegt die 1951 in acht Monaten erbaute US-amerikanische **Siedlung Plittersdorf**. Seit dem US-amerikanischen Angriff auf Libyen im Jahre 1986 ist die Siedlung für Kraftfahrzeuge hermetisch abgeriegelt. Hier befinden sich neben dem Amerikanischen Club Wohnhäuser der US-amerikanischen Beschäftigten und Diplomaten in Bonn. In der Kennedyallee wird für die Bewohner eine komplette Infrastruktur angeboten, vom Supermarkt über das Kino bis zur Stimson Memorial Chapel, einem Backsteinbau im Kolonialstil.

Am Rande der housing area, unmittelbar am Rhein, steht das **Haus Carstanjen**. Die Familie Carstanjen ließ die schloßähnliche Anlage 1906/07 bauen. Gebäude und Park stehen auf dem Grund des schon 1318 erwähnten Auerhofes. Anfang des 19. Jahrhunderts kaufte der Kölner Bankier Abraham Schaaffhausen das Anwesen. Zu den kulturschaffenden Gästen seiner Tochter Sibylle Mertens-Schaaffhausen gehörte die Dichterin Annette Droste-Hülsdorf (1797-1848). Heute sind hier Teile des Bundesministeriums der Finanzen untergebracht.

In südwestlicher Richtung sieht man die seit der Bundesgartenschau geschlossene Holzbrücke. Dahinter steht die 1990 fertiggestellte Syrische Botschaft, eine in orientalischen Stilformen gestalteter Komplex. Weiter im Hintergrund schließen sich bis zur nach Westen führenden Heinemannstraße eingeschossige Behelfsbauten des Deutschen Bundestages an. Im Verlauf der Heinemannstraße befinden sich links die sog. Kreuzbauten und rechts die Ministerien für Verkehr sowie Post und Telekommunikation (s. 20. Station).

Wasserwerk
Qu.
RA
Freizeitpark
Rheinaue
22
▽ 46.4
Wasserwerk
Abgeordnetenhaus
Sportanlage
Gronau
GRONAU
Tennis-
platz
Bismarck-
Turm
Von-Sandt-
A 562
St. Winfried-
Kirche
Auensee
Johanniter-
Freizeitpark
Rheinaue
20
21
AS
Bonn-Rheinaue
Tennis-
plätze
BM Post- und
Fernmeldewesen
Robert-
Schuman-

Weg

(21. Station zur 22. Station)

Der Weg führt von der Anhöhe hinab und zunächst auf der asphaltierten Straße entlang, auf der man gekommen ist. Man folgt dem in nördliche Richtung verlaufenden Höhenweg und passiert linkerhand die Gaststätte Rheinaue, einen bewirtschafteten Pavillon mit Biergarten. Nach einer Gefällestrecke kommt man an dem unterhalb der Konrad-Adenauer-Brücke befindlichen Eingangsbereich der U-Bahn-Station Rheinaue vorbei. Unmittelbar hinter dieser Unterführung biegt der Weg nach links, und nach ca. 100 m Steigung erneut scharf links. Man gelangt nun auf den Fuß-/Radweg der Konrad-Adenauer-Brücke.

Im Verlauf der Brücke nähert man sich dem Höhenzug Ennert (s. 19. Station). Noch vor dem Höhenzug, auf dem ein attraktiver Fernwanderweg verläuft, ist ein von der Autobahn umschlungenes Gebäude zu erkennen. Es ist die ***Kommende Ramersdorf****. Das ehemalige Ordenshaus gehörte dem 1190 auf dem dritten Kreuzzug ins heutige Israel gegründeten Deutschen Ritterorden. Nach dessen Umwandlung in einen geistlichen Ritterorden 1198 wurde er durch die Christianisierung des ostdeutschen und nordpolnischen Raumes sowie des Baltikums bekannt. Das Anwesen entstand Anfang des 13. Jahrhunderts im Auftrag des Grafen Heinrich von Sayn. Die in der Anlage integrierte romanische St.-Georgs-Kapelle von 1230 wurde 1846/50 abgetragen und steht nun - ohne Kirchturm - auf dem Alten Friedhof (s. Weg 8. Station zur 9. Station). Der Orden wurde 1809 von Napoleon aufgelöst. Das mehrfach veränderte Gebäude wird heute als Hotel genutzt. Eine weitere Deutschordenkommende (erbaut 1254, Neubau um 1760) steht in der Muffendorfer Hauptstraße im Stadtteil Muffendorf; hier residiert jetzt der belgische Botschafter.*
Die große Freifläche südlich des Brückenkopfes der Konrad-Adenauer-Brücke war der Standort der ***Zementfabrik****. Die verbliebenen Bauten, der Wasserturm sowie Verwaltungs- und Produktionsgebäude, stehen unter Denkmalschutz.*

Am Ende der Konrad-Adenauer-Brücke ist eine kleine Anhöhe mit Schutzhütte gelegen. Das ist der Standort der 22. Station.

22. Station: **Beueler Rheinaue**

Vom Standort ergibt sich ein Blick über die Beueler Rheinaue, die wie die gegenüberliegende Rheinaue im Rahmen der Bundesgartenschau 1979 gestaltet wurde, und über das Regierungsviertel Gronau.

Die Ortschaft südlich des Standortes ist der Stadtteil **Oberkassel**. In der Hauptverkehrsstraße, der Königswinterer Straße, ist das 1764 erbaute **Lippische Palais** gelegen, so benannt nach den früheren Eigentümern, den Fürsten zur Lippe. Seit 1979 residiert hier die Bundesarchitektenkammer.

Schräg gegenüber befindet sich das Standbild des gebürtigen Oberkasselers und Bonner Professors Gottfried Kinkel (vgl. Kasten "Die Rheinische Friedrich-Wilhelm-Universität", S. 85). Ebenfalls in der Königswinterer Straße, in Sichtweite des Kinkel-Standbildes, steht die **Evangelische Kirche Oberkassel**. Es ist die älteste evangelische Kirche im Bonner Stadtgebiet und eine der ältesten im katholischen Rheinland. Ihre Entstehung 1683 verdankt sie der damaligen Zugehörigkeit Oberkassels zum Herzogtum Berg.

Oberkassel war vermutlich schon während der **Altsteinzeit** besiedelt. Bei Steinbrucharbeiten oberhalb des Dorfes fand man 1914 die Skelette eines Mannes, einer Frau sowie eines Hundes, die ca. 12.000 Jahre vor unserer Zeitrechnung lebten. Eine Tafel in der Nähe der Fundstelle informiert über Finder und Findung. Man erreicht die Fundstelle, in dem man zunächst dem Verlauf der Zipperstraße folgt, die an der Evangelischen Kirche rechtwinklig von der Königswinterer Straße abzweigt. Die Zipperstraße geht in die Meerhausener Straße über. Nach der Straßenkrümmung biegt man nach links in die Straße Am Stingenberg ein und überquert die Autobahn. Direkt hinter der Autobahnbrücke führt ein Schotterweg nach links. Nach ca. 500 m erkennt man rechterhand die Fundstelle.

Von 1870 bis 1914 verkehrte das **Eisenbahntrajekt** zwischen Oberkassel und der gegenüber liegenden Gronau. Ein Trajektschiff ist ein Spezialschiff zum Transport von Eisenbahnwaggons im Fährverkehr. Die Trasse ist noch zu erkennen. Die Trajektbahn bog im Bereich der heutigen Walter-Flex-Straße in Kessenich von der Bahntrasse nach Osten ab, führte unter der Friedrich-Ebert-Allee und dem Sträßchensweg - im Verlauf der heutigen Franz-Josef-Strauß-Allee - hindurch und stieß

Abgeordnetenhochhaus mit Regierungsviertel

nördlich des Bismarckturmes an den Rhein. Der Bismarckturm (erbaut 1902) ist gegenüber des Standortes zwischen den Bäumen erkennbar. Nach dem Verladen der Waggons überquerte das Trajektschiff den Rhein und landete südlich des Brückenkopfes der Konrad-Adenauer-Brücke an. Dort wurden die Waggons auf den Gleiskörper gebracht, der an die rechtsrheinische Bahnlinie angeschlossen war. Späte Bedeutung hat die Trasse der Trajektbahn insofern, als daß ihr Verlauf zwischen Rhein und Friedrich-Ebert-Allee die südliche Grenze der - demonstrationsfreien - Bannmeile um das Bundeshaus darstellt.
Dominierend in der gegenüberliegenden Uferbebauung ist das Abgeordnetenhochhaus (s. 19. Station). Links daneben erkennt man das Hochhaus im Tulpenfeld (s. 19. Station). Südlich des Abgeordnetenhochhauses steht das Alte Hochhaus (s. 18. Station). Im Vordergund ist der neue Plenarsaal (s. 18. Station) zu sehen, im Hintergrund das Bürohaus Bonn-Center mit Mercedes-Stern. Der Höhenzug am Horizont ist der **Venusberg** mit dem Sendemast des WDR.

Weg

(22. Station zur 23. Station)

Nach dem Verlassen der Anhöhe führt der Weg den Rhein entlang nach Norden. Mit dem Beginn der Rheinaustraße endet die autofreie Rheinaue.

Kurz nach Beginn der Bebauung, gegenüber einer basteiähnlichenAusbuchtung, zweigt der Wolkenburgweg nach rechts ab. Von dieser Stelle

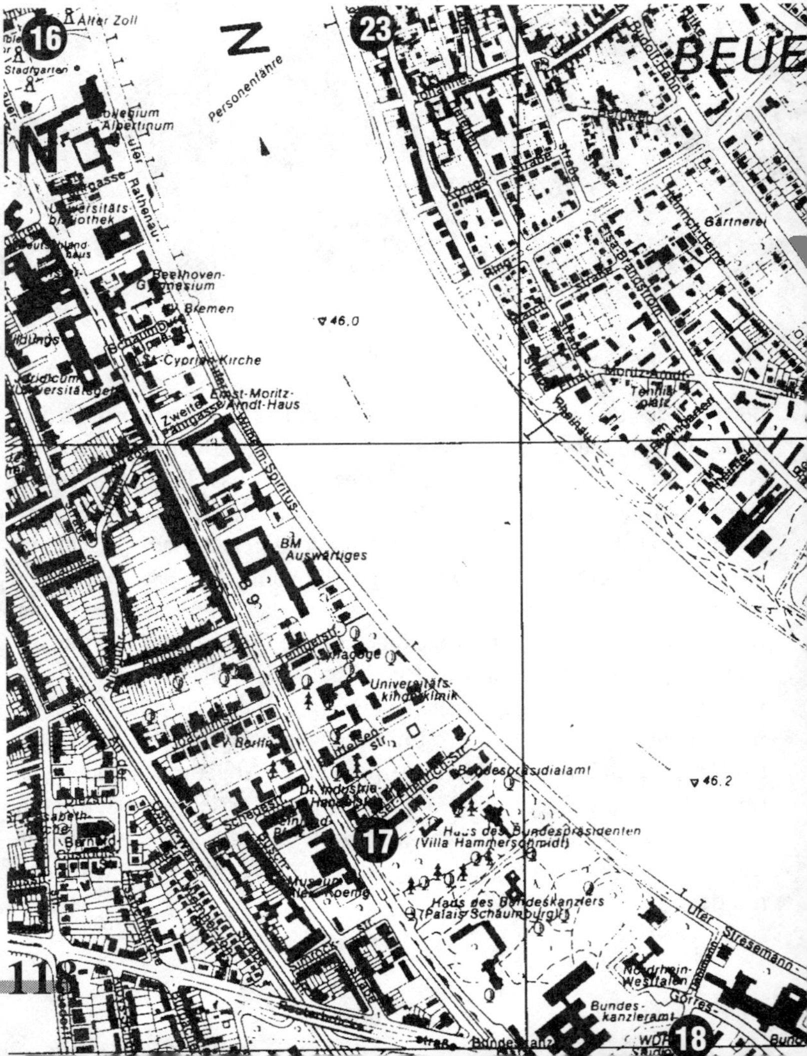

aus kann man im Garten des ersten, linkerhand stehenden Privathauses am Wolkenburgweg den ***Stumpfe Turm*** *erkennen. Der Turm aus Basalt und Tuff wurde im 14. Jahrhundert erbaut und ist die Ruine einer Zollstätte des Amtes Löwenburg. Von der Rhenusallee, einer Parallelstraße zum Wolkenburgweg, zweigt die Staße Am Müllestump ab. Der Straßenname spiegelt den Umstand wider, daß der Turm später als Mühle genutzt wurde.*
Etwa 500m hinter der DLRG-Station befand sich früher ein Bad. Es gehörte wie die in der Gronau und am Alten Zoll zu den vielen Strandbädern und ***Badeanstalten am Fluß.*** *Auf der rechten Seite sieht man hinter Büschen und Bäumen einen Flachbau, der heute einer Einrichtung der Trinkwasserversorgung dient. Unmittelbar davor erstreckte sich die Liegewiese.*
Ein regelrechtes Massenschwimmen ereignete sich am Rande der zweiten großen Friedensdemonstration an einem heißen Junitag im Jahre 1982 in der Beueler Rheinaue. Als letzte spektakuläre Bademaßnahme ist die Rheindurchschwimmung des Bundesumweltministers Klaus Töpfer bekannt.
Während der gesamten Wegstrecke zur 22. Station hat man einen guten Blick auf die linksrheinische ***Uferpromenade*** *und die sie säumenden Gebäude (s. Weg 16. Station zur 17. Station).*

Dem nun befestigten Uferweg folgend, gelangt man an die Anlegestelle der Personenfähre.

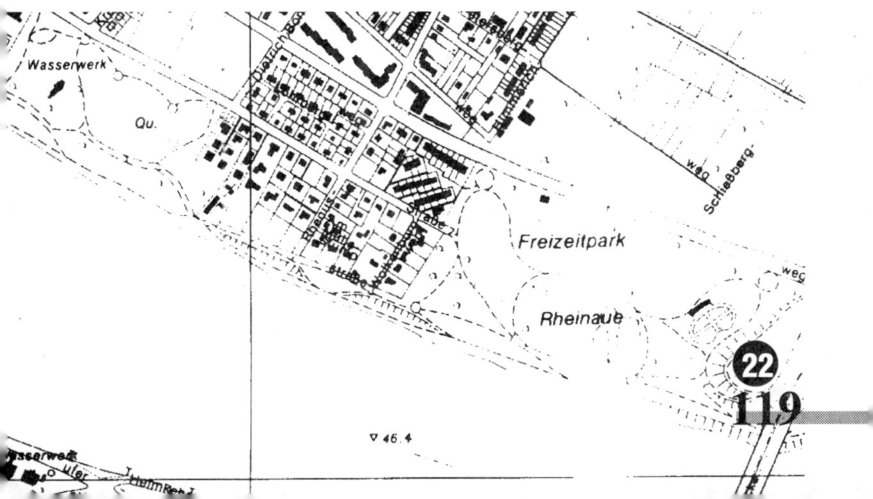

23. Station: **Anlegestelle Personenfähre Beuel**

Von der Anlegestelle blickt man direkt auf den Alten Zoll (s. 16. Station). Zwischen Alten Zoll und Kennedybrücke sind das frühere preußische Oberbergamt und die Oper zu erkennen. Der zwischen Oberbergamt und Brücke gelegene Teil des **Rheinufers** ist nach 1945 mit Trümmern aufgeschüttet worden. Tragender Gedanke für diese Aktion war die Absicht, das Rheinufer - im Vergleich zur früheren kleinteiligen Bebauung - attraktiver zu gestalten.

Südlich des Alten Zoll und des Stadtgartens schließen das Hotel Königshof und das Collegium Albertinum an. Der darauf folgende Straßenzug ist die Erste Fährgasse, die auf die Adenauerallee im Bereich des Akademischen Kunstmuseums stößt. Weiter südlich folgt das Haus der evangelischen Kirche mit der Gaststätte Zur Lese. Die Gaststätte erinnert an das Haus der **Bonner Lese- und Erholungsgesellschaft**, einem bürgerlich-akademischen Zirkel von 1787, welches bis zu seiner Zerstörung 1944 an dieser Stelle stand.

Das nächste Gebäude ist die **Universitätsbibliothek**. Hinter der Glasfassade des 1958/60 nach Plänen von Fritz Bornemann und Pierre Vago errichteten Baues liegen die Lesesäale. Daneben steht das Beethovengymnasium. Am Ende der Häuserreihe erkennt man das Ernst-Moritz-Arndt-Haus, welches vom ehemaligen Postministerium durch die Zweite Fährgasse getrennt wird (s. Weg 16. Station zur 17. Station).

An der 23. Station hat die Stadtführung fast einen Kreis geschlossen. Möchte man zum Ausgangspunkt Beueler Handelswerft zurück, braucht man lediglich dem Rhein flußabwärts zu folgen.

Soll der Weg in die Bonner Innenstadt führen, bieten sich die Kennedybrücke sowie die Personenfähre an. Die nächste Haltesstelle der Straßenbahn befindet sich zwischen Kennedybrücke und Konrad-Adenauer-Platz.

Collegium Albertinum, Hotel Königshof, Alter Zoll

ZEITTAFEL

12.000 v.u.Z.

Erste, durch Skelettfunde bei Oberkassel nachgewiesene Bewohnung des heutigen Stadtgebietes.

um 100 v.u.Z.

Die keltischen Eburonen und die gemanischen Sugambrer leben in der niederrheinischen Bucht.

55 v.u.Z.

Julius Caesar kommt mit römischen Truppen an den Rhein.

um 50 v.u.Z.

Ubier siedeln um den heutigen Brückenkopf der Kennedybrücke.

um 16 v.u.Z.

Eine römische Militäreinheit lagert kurze Zeit in der ubischen Siedlung.

nach 1 n.u.Z.

Römische Truppen errichten ein Kastell im Bereich Marktplatz/Rathausgasse/Belderberg/Brüdergasse.

69/70 n.u.Z.

Erste Nennung des römischen Legionslagers "castra Bonnensia" im Norden der heutigen Stadt durch den römischen Historiker Tacitus.

321

In Köln besteht eine jüdische Gemeinde als eine der ersten im Gebiet des späteren Deutschen Reiches.

um 400

Die letzten römischen Truppenteile verlassen Bonn; ripuarische Franken siedeln sich in der bald "Bonn-Burg" genannten ehemaligen Römerstadt an.

795

Erste Erwähnung der Händlerkolonie "vicus Bonnensis" im Bereich des Marktplatzes.

804

Erste Erwähnung der Siedlung "villa Basilica", dem Kern der mittelalterlichen Stadt in der Nähe des Münsters.

881

Zerstörung der ehemaligen Römerstadt und der umliegenden Siedlungen durch die Normannen.

921

Die Könige Heinrich I. und Karl der Einfältige vereinbaren die Neuordnung Mitteleuropas auf einem Schiff vor Bonn; Lotharingien und Bonn werden 925 an das Deutsche Reich angeschlossen.

um 978

Gründung des Stiftes Vilich.

um 1080

Niederlassung von Juden in Bonn

1096/99

Vernichtung zahlreicher jüdischer Gemeinden im Rheinland während des ersten Kreuzzuges christlicher Truppen nach Jerusalem.

1151

Weihe der Doppelkirche Schwarzrheindorf.

1210

Baubeginn der Godesburg.

1244

Mit dem Mauerprivileg des Erzbischofs Konrad von Hochstaden wird Bonn zur befestigten Stadt.

1287

Die Schlacht von Worringen zwischen dem Herzog von Brabant und dem Erzbischof von Köln führt zur Neuordnung des Nordwestens des Deutschen Reiches.

1286

Erste Bildung eines Rates der Bonner Bürger.

vor 1361

Einweihung des Jüdischen Friedhofs in Siegburg.

1582

Reformationsversuch des Kurfürsten Gebhard Truchseß von Waldburg

1597

Bonn wird Residenzstadt der Kurfürsten und Erzbischöfe von Köln.

1618-1648

Dreißigjähriger Krieg; unter Vorgabe christlicher Belange geführter Krieg um die Vorherrschaft im Mitteleuropa.

1689

Zerstörung der Stadt bei Kämpfen zwischen französischen und kaiserlichen, brandenburgischen Truppen.

1701-1714

Spanischer Erbfolgekrieg; es geht um die Herrschaft über die Niederlande. Die Bonner Bastionsbefestigung wird als eine der Friedensbedingungen 1716/17 geschleift.

1770

Ludwig van Beethoven (+ 1827 in Wien), Musiker, wird in Bonn geboren.

1786

Gründung der ersten Bonner Universität

1789

Französische Revolution; Ende der Bourbonenherrschhaft.

1789

Peter Joseph Lenné (+ 1866 in Potsdam), Gartenarchitekt, wird in Bonn geboren.

1794

Französische Revolutionstruppen ziehen in Bonn ein.

1812

Moses Hess (+ 1875 in Paris), Schriftsteller, wird in Bonn geboren.

1815

Als ein Ergebnis des Wiener Kongresses zur Neuordnung Europas wird Bonn Preußen zugeschlagen.

1815

Gottfried Kinkel (+ 1882 in Zürich), Professor für Kunst- und Kulturgeschichte, Schriftsteller und bürgerlicher Revolutionär, wird in Oberkassel geboren.

1818

Preußenkönig Friedrich Wilhelm III. stiftet die nach ihm benannte Universität.

1844

Eröffnung der Eisenbahnlinie-Köln-Bonn.

1845

Errichtung des Beethovendenkmals.

1847

Gründung der Landwirtschaftlichen Hochschule in Poppelsdorf.

1848/49

Bürgerliche Revolution in Deutschland.

1849

Bürgerliche Gleichberechtigung der Juden in Deutschland durch die Frankfurter Nationalversammlung; nach dem Scheitern der Revolution wieder aufgehoben.

1856

Robert Schumann (* 1810 in Zwickau), Komponist, stirbt in Endenich.

1869

Gleichberechtigung der Juden in Preußen und im Norddeutschen Bund; 1871 Übernahme des Gesetzes im Deutschen Reich.

1870/71

Deutsch-französischer Krieg; 1871 Proklamation des Deutschen Reiches in Versailles.

1879

Bau der Bonner Synagoge (zerstört 1938).

1887

Bonn wird kreisfreie Stadt.

1898

Bau der ersten festen Rheinbrükke.

1904

Eingemeindung von Poppelsdorf, Dottendorf, Kessenich und Endenich.

Ende 1906

In Bonn wird der Radfahrer-Verein Möve gegründet.

1910

August Macke (* 1887 in Meschede; + 1914 in Perthes/Champagne), Maler, zieht nach Bonn.

Januar 1911

In Beuel besteht der Arbeiter-Radfahrer-Verein "Frisch auf".

01.08.1914 - 11.11.1918

Erster Weltkrieg.

03.-09.11.1918

Novemberrevolution. Die Abdankung des Kaisers wird erzwungen.

Deutschland wird Republik.

1918-1926

Besetzung des Rheinlands durch allierte Truppen; Bonn gehört zur französischen Zone.

13.-17.03.1920

"Kapp-Putsch"; Putsch der Reaktion gegen die Republik.

15.03.1920

Massendemonstration der Bonner Arbeiterorganisationen gegen den Kapp-Putsch auf dem Marktplatz.

1926

Gründung der Pädagogischen Akademie.

1926

Godesberg erhält als anerkannte Badestadt den Zusatz "Bad"

06.08.1932

Eröffnung der "Kraftwagenstraße Köln-Bonn", der ersten Autobahn im Deutschland.

1932

In Kessenich/Dottendorf wird der Arbeiter- Rad- und Kraftfahrerbund Solidarität Bonn-Süd gegründet.

30.01.1933

Machtübernahme der NSDAP; Beginn der 12-jährigen faschistischen Herrschaft in Deutschland.

04.04.1933

Otto Renois, Schreiner und KPD-Stadtverordneter, wird in der Poppelsdorfer Allee "auf der Flucht" erschossen.

April 1933

Boykott jüdischer Geschäfte, Arztpraxen, Anwaltskanzleien usw. sowie Entlassung jüdischer Beamter aus dem Staatsdienst ("Ariergesetzgebung");
Beginn der systematischen Judenverfolgungen.

02.05.1933

Zerschlagung der Gewerkschaften.

10.05.1933

Bücherverbrennung auf dem Bonner Marktplatz.

17.05.1933

Der Arbeiter- Rad- und Kraftfahrerbund ARKB Solidarität wird wie alle Verbände der Arbeiter- Sport- und Kulturbewegung verboten. Damit werden auch die Vereine des ARKB Solidarität in Bonn, Bonn-Süd und Beuel aufgelöst.

Mai/Juni 1933

Verbot der Arbeiterparteien: Im Mai wird die KPD, im Juni die SPD verboten.

1935

Bad Godesberg erhält Stadtrechte.

1935

"Nürnberger Rassegesetze": Mischehen und Geschlechtsverkehr von Juden und "Reichsdeutschen" werden verboten.

07.03.1936

Die Wehrmacht zieht unter Bruch des Versailler Vertrages von 1919 u.a. über die Bonner Rheinbrücke ins entmilitarisierte Rheinland ein.

April/Mai 1936

Mammutprozeß gegen 74 des Widerstands gegen das NS-Regime angeklagte Bürger der Stadt im Bonner Landgericht.

1938

Reichskanzler Hitler trifft den britischen Premierminister Chamberlain im Rheinhotel Dreesen, Bad Godesberg. Hitler bereitet das Münchner Abkommen vom 29.09.1938 vor, welches die Annektion des tschechoslowakischen Sudetenlands durch das Deutsche Reich vorsieht.

August 1938

Pflicht zur namentlichen Kennzeichnung von Juden: Frauen müssen den Namen “Sara” annehmen, Männer den Namen “Israel”.

09./10.11.1938

Reichspogromnacht: Reichsweit und so auch in Bonn werden Synagogen in Brand gesteckt, Geschäfte und Wohnungen von Juden geplündert und zerstört.
Jüdische Kinder werden aus den Schulen entfernt.
Verhängung von Wohnbeschränkungen.

01.09.1939 - 08.05.1945

Zweiter Weltkrieg.

September 1941

Kennzeichnungspflicht für Juden mit dem Gelben Stern.

seit Oktober 1941

Systematische Deportationen in die Ghettos und Vernichtungslager in Polen.

27.07.1942

Letzte Deportation der seit Juni 1941 im Sammellager Endenich gefangenen 474 Juden aus Bonn und Umgebung nach Theresienstadt, Lodz und anderen Vernichtungslagern; allein zwölf überleben.

1944/45

Massive Bombenangriffe auf Bonn.

18.10.1944

Das Bombardement zerstört fast die gesamte Altstadt.

Januar 1945

Bonn wird zur Festung erklärt.

07.03.1945

Die Ludendorf-Brücke in Remagen wird von der US-Armee genommen. Die Mehlemer Fähre wird von der Wehrmacht versenkt.

08.03.1945

Befreiung der Stadt und der Region vom Faschismus durch US-amerikanische Truppen.

1947

Oxford schließt mit Bonn eine Städtepartnerschaft.

23.05.1949

Gründung der Bundesrepublik Deutschland.

1949

Der Deutsche Bundestag beschließt, Bonn als provisorische Bundeshauptstadt zu nutzen.

07.10.1949

Gründung der Deutschen Demokratischen Republik.

1950

Gründung des Zentralrats der Juden in Deutschland.

1952

Beuel erhält Stadtrechte.

1969

Raumordnungsgesetz NRW: Bonn wird mit Bad Godesberg, Beuel und Teilen des Amtes Duisdorf und des Siegkreises zusammengeschlossen; die Stadt Bonn und der Rhein-Sieg-Kreis entstehen.

1970

Finanzvereinbarung zwischen Bund, Land und Stadt über den Ausbau der Bundeshauptstadt

10.04.1973

Sturm auf das Bonner Rathaus aus Protest gegen den Besuch des Staatspräsidenten von Süd-Vietnam, Nguyen Van Thieu.

1980

Unterzeichnung des Finanzvertrages zwischen Bund, Land und Stadt über den weiteren Ausbau Bonns als Bundeshauptstadt (Bonnvertrag).

10.10.1981

Friedensdemonstration gegen die Stationierung von Mittelstreckenraketen mit Atomsprengköpfen in Europa; bis dato größte Kundgebung (300.000 TeilnehmerInnen) in der Geschichte der BRD.

23.02.1985

Der Radverein RKB Solidarität Bonn e.V. wird gegründet.

1989

2000-Jahr-Feier der Stadt Bonn.

1990

Dritter Finanzierungsvertrag zwischen Bund, Land und Stadt zum Ausbau als Bundeshauptstadt; Bonn soll über 10 Jahre insgesamt 1 Mrd. DM erhalten.

03.10.1990

Beitritt der Deutschen Demokratischen Republik zur Bundesrepublik Deutschland; mit dem Inkrafttreten des sog. Einigungsvertrages wird Berlin zur Bundeshauptstadt.

20.06.1991

Der Deutsche Bundestag (662 Abgeordnete) beschließt bei 659 gültigen von 660 abgegebenen Stimmen mit 338 gegen 320 Stimmen und einer Enthaltung die Verlegung des Parlaments- und Regierungssitzes von Bonn nach Berlin.

MUSEEN und DAUERAUSSTELLUNGEN

(Nennung unter stadt- und regionalgeschichtlichen Aspekten)

Gewerkschaftshaus des DGB Bonn/Rhein-Sieg
Endenicherstr. 127, 5300 Bonn 1
Dauerausstellung "Geschichte der Bonner Arbeiterbewegung"
Öffnungszeiten: Mo. bis Fr. 9.00 bis 17.00 Uhr

Heimatmuseum Beuel
Steinerstraße 36, 5300 Bonn 3 (Beuel), Tel.: 02 28 / 46 30 74
Öffnungszeiten: Mo., Sa., So. 15.00 bis 18.00 Uhr
Gruppen nach Vereinbarung

Rheinisches Landesmuseum Bonn
Colmantstraße 14-16, 5300 Bonn 1, Tel.: 02 28 / 72 94 -1
Öffnungszeiten: Di., Do. und Fr. 9.00 bis 17.00 Uhr,
Mi. 9.00 bis 20.00 Uhr
Sa. und So. 10.00 bis 17.00 Uhr

Siebengebirgsmuseum der Stadt Königswinter
Kellerstraße 16, 5330 Königswinter 1, Tel.: 02 22 3 / 37 03
Öffnungszeiten:
01.04.-15.10. Di., Do., Fr., Sa. 14.00 bis 17.00 Uhr
Mi. 14.00 bis 19.00 Uhr
So. 11.00 bis 17.00 Uhr

16.10.-31.03 Mi. 14.00 bis 19.00 Uhr
Sa., So. 14.00 bis 17.00 Uhr

Werkhaus des An der Synagoge e.V.
Plittersdorfer Straße 50, 5300 Bonn 2 (Bad Godesberg),
Tel.: 02 28 / 36 11 88
Dauerausstellung "Bonn zur Zeit des Nationalsozialismus"
Öffnungszeiten: Mo. bis Fr. 9.00 bis 17.00 Uhr

An der Synagoge e.V.
Plittersdorfer Straße 50, 5300 Bonn 2, Tel.: 02 28 / 36 11 88
Stadthistorische Busrundfahrten, Veröffentlichungen und Ausstellungen zum Thema

Bildungswerk für Friedensarbeit (BF)
Berliner Platz 33, 5300 Bonn 1, Tel.: 02 28 / 63 41 42
zeitweise Veranstaltungen von stadtgeschichtlichen Vorträgen; s. Halbjahresprogramme des BF

Bonner Geschichtswerkstatt e.V.
Kölnstraße 198, 5300 Bonn 1, Tel.: 02 28 / 63 88 94, Bürozeiten Mo., Di., Fr. 9.00 bis 13.00 Uhr
Veröffentlichungen zur Stadtgeschichte, Rundgänge (Nordstadt, Petersberg etc.)

Radverein RKB Solidarität Bonn e.V.
c/o Hermann Rösch, Königswinterer Straße 680, 5300 Bonn 3, Tel.: 02 28 / 44 30 76
Antifaschistische und stadthistorische Radrundfahrten, Radtour auf den Spuren der 1848er Revolution

Stadtarchiv und wissenschaftliche Stadtbibliothek
Stadthaus, Berliner Platz 1, 5300 Bonn 1, Tel.: 02 28 / 77 36 84
Öffnungszeiten: Mo. bis Do. 8.30 bis 12.00 Uhr und 14.30 bis 18.00 Uhr, Fr. 9.00 bis 12.00 Uhr und 14.00 bis 16.00 Uhr, Sa. 9.00 bis 12.00 Uhr

Touristinformation der Stadt Bonn
Cassiusbastei, 5300 Bonn 1, Tel.: 02 28 / 77 34 66 -67, Öffnungszeiten: Mo. bis Sa. 8.00 bis 21.00 Uhr, So. 9.30 bis 12.30 Uhr
Allgemeine Informationen über die Stadt, Zimmernachweis

Werbe- und Verkehrsamt der Stadt Bonn
Kurfürstenallee 2-3, 5300 Bonn 2, (Bad Godesberg), Tel.: 02 28 / 77-1

LITERATURAUSWAHL
zur Geschichte der Stadt Bonn

Antifaschistischer Stadtführer
Bonn zur Zeit des Nationalsozialismus
hrsg. vom Bildungswerk für Friedensarbeit, Bonn, 3. überarbeitete und erweiterte Auflage, Bonn o.J. (1987), DM 3,00

Baedecker's Bonn
Stadtführer von Karl Baedecker, Freiburg 1989, DM 13,80

Bonner Frauengeschichte
Ein Stadtrundgang, Bonn 1989, DM 10,00

Bonner Geschichtswerkstatt e.V. (Hg.)
"...tranken dünnen Kaffee und aßen Platz dazu"
Leben in der Bonner Nordstadt 1850-1990, 2. Aufl. Bonn 1991, DM 24,80

Bothien, Horst-Pierre
Bonn in der NS-Zeit - Verfolgung und Widerstand
Köln 1989 (Begleitheft zur gleichnamigen Ausstellung des An der Synagoge e.V. im Rahmen der 2000-Jahrfeier der Stadt Bonn), DM 4,00

Der Bundesminister für Raumordnung, Bauwesen und Städtebau
Vierzig Jahre Bundeshauptstadt Bonn
1969-1989, Karlsruhe 1988

Ennen, Edith & Dietrich Höroldt
Vom Römerkastell zur Bundeshauptstadt
Kleine Geschichte der Stadt Bonn
4. durchgesehene Auflage Bonn 1985, DM 36,00

Hawranke, Renate & Werner P. D'hein
Bonn ist 2000
Festbuch zum Stadtjubiläum mit Programmüberblick, Bonn 1988

Höroldt, Dietrich
Bonn ehemals, gestern und heute
Eine Stadt im Wandel der letzten 60 Jahre
Stuttgart 1983, (im Buchhandel nicht erhältlich)

Höroldt, Dietrich & Manfred van Rey (Hg.)
Geschichte der Stadt Bonn
(Band 1 & 2 noch nicht erschienen)

Höroldt, Dietrich & Manfred van Rey (Hg.)
Geschichte der Stadt Bonn
Band 3: Bonn als kurkölnische Haupt- und Residenzstadt 1597-1794,
Bonn 1989, DM 100,00

Höroldt, Dietrich & Manfred van Rey (Hg.)
Geschichte der Stadt Bonn
Band 4: Von einer französischen Bezirksstadt zur Bundeshauptstadt,
Bonn 1989, DM 120,00

Matzerath, Josef (Hg.)
Bonn. 54 Kapitel Stadtgeschichte
Bonn 1989, DM 29,80

Roth, Hermann Josef
Bonn. Von der römischen Garnison zur Bundeshauptstadt. Kunst und Kultur zwischen Voreifel und Siebengebirge
(DuMont-Kunst-Reiseführer), Köln 1988, DM 39.80

Studentengewerkschaft (Hg.)
150 Jahre Klassenuniversität
Reaktionäre Herrschaft und demokratischer Widerstand am Beispiel der Bonner Universität, Bonn 1968 (im Buchhandel nicht erhältlich)

Vogt, Helmut
Bonn im Bombenkrieg
Zeitgenössische Aufsätze und Erinnerungsberichte von Augenzeugen, Bonn 1989, DM 39,80

(Preisangaben ohne Gewähr)

LITERATUR

über Bonn (Auswahl)

Jochen Arlt/Dieter Brockschneider
Zwischen Dorf und Stadt, Rhein-Sieg/Bonn Lesebuch, Bonn 1991

Peter Assion :
Der tote Penner, Eine Bonner Kriminalgeschichte, 1990

Heinrich Böll,
Ansichten eines Clowns, Köln 1963,
Frauen vor Flußlandschaft, Roman in Dialogen und Selbstgesprächen, Köln 1985

Bonn literarisch
Geschichten und Gedichte der Gruppe 84, Bonn 1987

Wulf Doerk (Hg.)
Schumann-Klausen-Chronik, Bonn 1987

Uwe Erichsen
Ein Eis im Feuer, Bergisch-Gladbach 1985

Nina Fehr-Lemmens
Was Bonner Diplomaten schmeckt
Eine kulinarische Weltreise, Bonn 1988

Günther Grass
Aus dem Tagebuch einer Schnecke, Neuwied/Darmstadt 1972

Gisbert Haefs
Mord auf dem Millionenhügel, München 1981
Und oben sitzt ein Rabe, Zürich 1988

Hans Werner Kettenbach
Grand mit Vieren, Bergisch-Gladbach 1978

Wolfgang Koeppen
Das Treibhaus, Stuttgart 1953

Georg R. Kristan
Anschlag auf Bonn, München 1990
Fehltritt im Siebengebirge, München 1986
Das Jagdhaus in der Eifel, München 1985

Schnee im Regierungsviertel, München 1989
Ein Staatsgeheimnis am Rhein, München 1987
Spekulationen in Bonn, München 1987

John LeCarre'
Eine kleine Stadt in Deutschland, Wien/Hamburg 1968

Doris und Arnold Maurer
Bonn erzählt
Streifzüge durch das literarische Bonn 1780-1980, Bonn 1983

C.S. Merten
Belgisch Kongo. Die vollständigen Aufzeichnungen des Ministerialrats Dr. Schüttauf. Ein afrikanischer Reiseroman, Thurn 1991

Caroline Muhr
Freundinnen, München 1974
Huberts Reise oder Kein Übel ist größer als die Angst davor, Köln 1978

Angelika Ruge-Schatz
Das Kochbuch aus Bonn, Bonn 1988

Peter Schmidt
Mehnerts Fall, Reinbek bei Hamburg 1981

Wilhelm Schmidtbonn
Der dreieckige Marktplatz, Bonn 1935

Bernd Sülzer
Unternehmen Harzreise, München 1986
Bensberger Zwischenspiel, Köln 1988

Martin Walser
Dorle und Wolf, Frankfurt/Main 1987

Georg Weerth
Humoristische Skizzen aus dem deutschen Handelsleben, Stuttgart 1971

Joseph von Westfalen
Im Diplomatischen Dienst, Hamburg 1991

Michael Zeller
Follens Erben, Bad Homburg 1986

REGISTER
für den Textteil

Über den Autor:

Jens Klocksin, geb. 1957 in Berlin, ist Politologe MA und arbeitet als Referent im Bundesministerium für Wirtschaft in Bonn.
Klocksin lebt seit 1979 in Bonn. Als Taxifahrer lernte er die Stadt kennen. 1985 war Klocksin Mitgründer der Bonner Sektion des Radvereins RKB Solidarität e.V. von 1893/96, Offenbach a.M.; er ist Mitglied des Bundesvorstandes sowie der Geschichtskommission des Verbandes. 1989/91 gehörte Klocksin dem Vorstand des Bonner (Gedenkstätten-Vereins An der Synagoge e.V. an.)